Data Analysis Without Formulas

만화로 쉽게 배우는
수식 없는
데이터 분석

저자 마츠모토 켄타로(松本 健太郎)
그림 모리오(もりお)
역자 김성훈

BM (주)도서출판 성안당
일본 옴사·성안당 공동 출간

만화로 쉽게 배우는 수식 없는 데이터 분석

Original Japanese Language edition
Manga de Wakaru Suusiki Nashino Data Bunseki
by Kentaro Matsumoto, Morio
Copyright ⓒ Kentaro Matsumoto, Morio 2023
Published by Ohmsha, Ltd.
This Korean Language edition co-published by Ohmsha, Ltd. and Sung An Dang, Inc.
Copyright ⓒ 2024
All rights reserved.

들어가는말

천의 얼굴을 가진 '데이터 분석'. 지금까지 수학, 통계학 측면에서만 주목 받아 온 데이터 분석이지만, 이제는 국어나 논리학에 특화된 책이 있어도 좋지 않을까…? 이런 생각에서 탄생한 것이 바로 이 책입니다.

여러분, 안녕하세요. 마츠모토 켄타로라고 합니다.

마케터 겸 데이터 과학자로 일하고 있는 평범한 회사원입니다. 부업으로 이 책과 같은 비즈니스 서적을 출간하는 등 집필 활동도 하고 있지요. 그 밖에도 방송 작가가 아닌 데이터 작가를 자처하며 TV나 라디오 방송국의 데이터 분석을 지원하는 '데이터 저널리즘'에도 종사하고 있습니다.

이 책은 데이터 과학자로서의 경험을 살려 데이터 분석에 실패하지 않는 노하우를 만화로 풀어 전달합니다. 데이터 분석이라고 하면 많은 분들이 "수학을 못해요", "문과라서요…"라며 손사래를 치는데, 이 책에는 수식이 전혀 나오지 않는다고 약속드립니다. 다시 말해, 이 책은 수학을 잘 못해도 문과생이라도 끝까지 읽을 수 있는 책입니다.

데이터 분석에 좌절하거나 실패하는 이유를 한 가지로 추려 보면, 대부분 아무런 준비 없이 광대한 데이터의 바다에 뛰어든다는 것입니다. 우리는 무엇을 해결해야 하는가?, 어떤 문제를 안고 있는가?, 무엇을 증명해야 하는가? 이런 준비 운동이 부족한 상태로 바다에 뛰어들기 때문에 '답을 모르겠다.', '데이터 분석은 어렵다.'라는 두려움에 사로잡히는 것이라고 생각합니다.

이 책은 데이터 분석을 이해하기 쉽게 학습할 수 있도록 구성했습니다. 제과 업계를 무대로 삼아 설명하므로, 비즈니스 현장을 참고하면서 지금 당장 활용할 수 있는 데이터 분석 노하우를 습득할 수 있을 것입니다. 이 책을 바탕으로 점차 자신만의 분석 노하우를 발전시켜 나가길 바랍니다.

이 이야기는 새로 신설된 부서의 작은 파티에서부터 시작됩니다.

2023년 9월
마츠모토 켄타로

차례

서문 ·· iii

프롤로그 만화 ··· 1

[제1장] 무엇이 '문제'인가? – 사고 과정과 인과 관계 – ·················· 11
☆ 만화 ·· 12
☆ 본문 설명
'데이터 분석'에 관한 오해 ·· 32
도대체 '데이터'란 무엇인가? ·· 34
데이터 분석에 막히는 것은 풀리지 않는 '문제'이기 때문이다 ············ 35
'문제'를 '질문'으로 나눈다 ·· 37
형석은 왜 '0점'을 받았을까? ·· 39
질문의 품질을 높이는 '해상도' ··· 40
소비자는 '행동'과 '결과'로 생각한다 ·· 41
소비자는 '구체'과 '추상'으로 생각한다 ·· 43

[제2장] '질문'을 찾는다 – 관찰력과 통찰력 – ································ 45
☆ 만화 ·· 46
☆ 본문 설명
보고 싶은 것만 본다 ··· 73
'가설이 먼저, 데이터는 나중' ·· 75
'관찰'은 어렵다 ·· 76
인간은 자각하지 못한 채 거짓말을 한다 ··· 79
'소리 없는 목소리'를 찾아내는 정성적 조사 ······································· 80
S-O-R 이론 ··· 84
ABC 이론 ··· 85
JOB 이론 ·· 87
'구매 이유'를 찾자 ··· 89
우리는 '가치'를 구매한다 ·· 90

[제3장] '가설'을 세운다 – 연역법과 귀납법 – 93
☆ 만화 94
☆ 본문 설명
해상도가 높아지면 어떻게 되는가? 123
귀납법이란? 125
귀납법의 약점 126
귀납법을 이용한 '질문과 가설' 128
연역법이란? 130
연역법의 약점? 132
연역법을 이용한 '질문과 가설' 134
데이터 분석은 애자일하게 137
가설은 많은 편이 좋다 140

[제4장] '가설'을 증명한다 143
☆ 만화 144
☆ 본문 설명
데이터의 바다에 뛰어들자! 163
두 종류의 검증 164
두 종류의 증명 방법 166
논증의 어려움 166
어디까지 사전 준비를 해야 하는가? 168

[제5장] '의사결정'을 내리다 171
☆ 만화 172

에필로그 만화 193

맺음말 198

찾아보기 199

등장인물 소개

주식회사 도쿄 티아라

1932년에 창립되어, 그 당시 보기 드물었던 쇼트케이크 위에 딸기나 귤 모양의 화과자를 올린 일본-서양식 퓨전 과자를 개발했다. 1960년, 냉장 시설이 보급되기 시작하면서 공주 왕관 모양을 본뜬 과자가 큰 인기를 끌며 대히트를 쳤다. 이후 자체 매장을 보유하며 판로를 크게 확대하여 2008년 사상 최대 매출을 달성했지만, '구시대의 먹거리'로 취급되어 점차 매출이 감소한다. 2023년 인수 제안을 검토하기 위해 경영기획실을 신설(표면적으로는 '매출 증대를 위한 상품 개발')한다.

경영기획실

하지원(25)
티아라 케이크를 과일로 데코레이션하는 동영상이 우연히 화제가 되면서 매출 급증의 주역으로서 제조부서에서 이동했다.

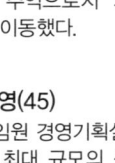
이시영(45)
집행임원 경영기획실 실장. 일본 최대 규모의 생활용품 메이커에서 담당 상품을 히트시킨 실적이 있다. '일본을 대표하는 여성 100인'에 2년 연속 선정된 것을 계기로 회장이 스카웃했다.

나형석(32)
구매부에서 이동. 이시영에게서 업무를 배우기 위해 열정을 쏟고 있다.

지남철(56)
경리부에서 이동. 고등학교 졸업하고 바로 도쿄 티아라에 입사한 후 38년 동안 꾸준히 경리 분야에서 근무했다.

정호영(37)
광고홍보부에서 이동. 신입사원으로 광고대행사 → 중도에 티아라에 입사. 가급적 정시 퇴근하려고 한다.

회장 오미자(75)
남편이자 전 사장의 유언에 따라 회장에 취임. 아들이자 사장인 강신우를 성장시키기 위해 이시영을 헤드헌팅했다. 이 상태로는 상황이 점점 악화되어 인수 제안에 찬성하는 입장이다.

사장 강신우(52)
과거 최대 매출을 기록한 위대한 경영자이자 아버지인 강찬일의 뒤를 이어 사장에 취임했다. 세습에 반대하며 경영 위기는 자신에게 경영자로서의 능력이 부족하기 때문이라고 생각하고 있다.

주식회사 프린프린

제과 시장 점유율 2위. 수치 관리에 치밀하고 구조 조정을 중심으로 한 과감한 경영 방침을 내세운다.

사장 김철수(45)
태양제과에서 경영 재건을 위해 프린프린의 사장으로 취임. 티아라와의 합병이 완료되면 태양제과에서 이사로 취임할 예정이다.

부사장 정용진(56)
2014년부터 이어지는 구조 조정 노선에 의문을 가지면서 회사를 위해 최전선에 선다.

태양제과

프린프린의 모회사.

박광언(50)
태양제과 경영기획 부장

※ 이 만화는 픽션입니다. 실존 인물이나 단체 등과 관련이 없습니다.

프롤로그

memo

[제1장]
무엇이 문제인가?

― 사고 과정과 인과 관계 ―

그래

판매장의 주체는 우리 제조사와 소매상인들이고 구매장의 주체는 고객들이지.

같은 현장인데 부르는 방법이 다른 이유를 알겠어?

매장

판매장 — 제조사 소매

구매장 — 고객

그러기로 정해져 있기 때문… 아닐까요?

… 센스가 없네요. 정해진 배경을 묻고 있는 거예요.

센스 없음

으음 으음

스윽

저는…

어? 계속 경리 부서에 계시지 않았어요?

언어가 사고를 속박하기 때문이라고 배웠습니다.

데스크 업무는 현장을 종이랑 숫자로 보게 되니까

현장에 다니면서 고객을 보라고 선배들한테 배웠지.

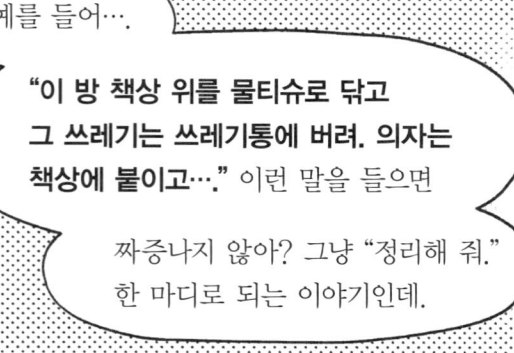

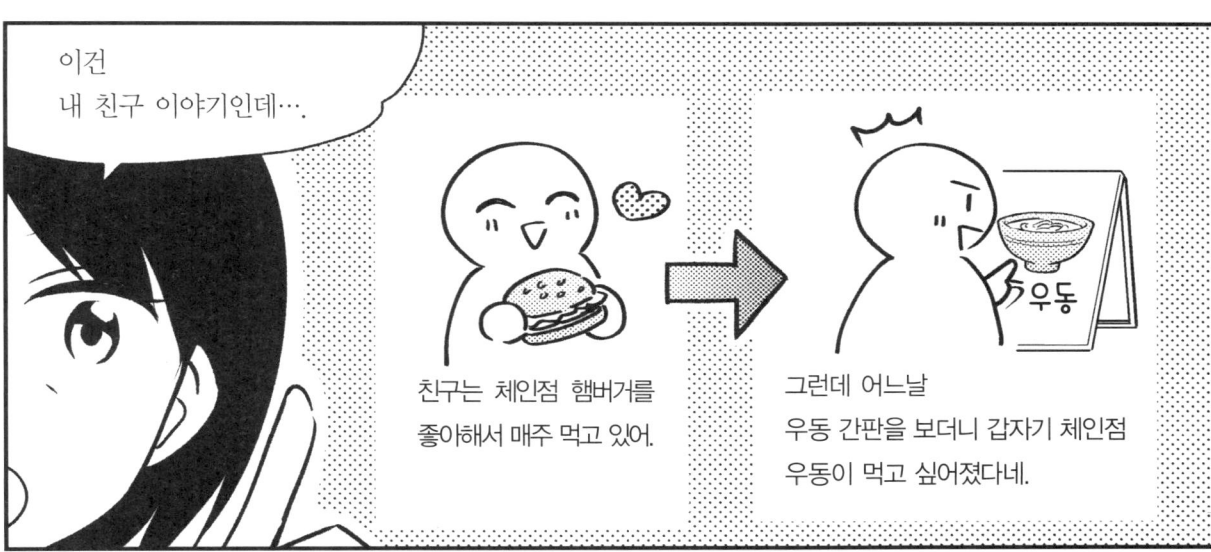

'데이터 분석'에 관한 오해

이 '해설 파트'에서는 각 장에 대한 자세한 설명과 만화에서 다루지 않았지만 중요해서 알아두면 좋을 내용을 보충합니다.

그런데, 데이터 분석 책인데도 제1장에서 아직 수식이 단 한 번도 등장하지 않았습니다. 놀라셨을지도 모르겠습니다. 참고로 이 책은 이대로 **끝까지 수식을 사용하지 않고 데이터 분석의 본질을 만화로 학습할 수 있도록 구성**되어 있습니다.

"데이터 분석은 수학이 필요하지요? 저는 문과라서요~"

상담을 하다 보면 이런 질문을 자주 받는데, 수학이 필요하다는 것은 오해입니다. 필자는 대학에서 정치학을 전공한 문과 출신이지만, 이렇게 책을 낼 수 있을 만큼의 경험과 지식이 있습니다(자랑처럼 들렸다면 죄송합니다). **비즈니스 실무에서 사용하는 간단한 '데이터 분석'정도라면 수학을 잘 못해도 괜찮습니다.**

우선, 데이터 분석에 대해 필자가 어떻게 정의하는지 그림으로 보여드리겠습니다.

▶ 필자가 생각하는 '데이터 분석 프로세스'

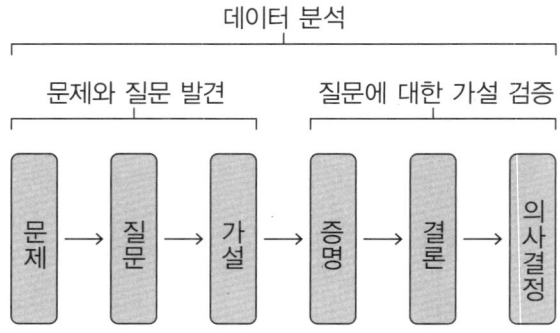

필자는 **데이터 분석은 '문제'에서 시작하여 '의사결정'으로 끝나는 프로세스(과정)의 총칭**이라고 생각합니다. 6단계의 프로세스가 있는데, 대략적으로 분류하면 **'문제와 질문 발견' 단계와 '질문에 대한 가설 검증' 단계로 나눌 수 있습니다.**

이 프로세스에 따라서 데이터 분석을 진행하면 엉뚱한 결론에 도달하는 일이 거의 없습니다.

오히려 좋은 결과를 내는 경우가 많습니다. 반면, 이 순서를 염두에 두지 않고 분석을 진행하면 '반드시'라고 해도 좋을 만큼 실패할 확률이 높아집니다. 앞에서 나형석이 자신만만하게 '도쿄 티아라 상품이 팔리지 않는 3가지 이유'를 설명했지만, '0점'을 받은 이유도 이시영 실장은 과거 경험을 통해 '프로세스를 따르지 않았다'는 것을 알고 있었기 때문입니다.

어렵게 들릴 수도 있습니다. 하지만, 이 책을 읽고 있는 여러분도 자신도 모르게 프로세스에 따라 생각하고 있습니다.

예를 들어, 아침에 일어나서 '오늘은 뭘 입을까?'라는 질문으로 시작해, '평소엔 비즈니스 캐주얼을 입겠지만, 오늘은 상담이 있으니 좀 더 격식을 차리고 싶은데 뭐가 좋을까?'라는 질문으로 바꾸고, '유니클로 세트로 맞추면 어떨까'라는 가설을 세웁니다. 그리고 함께 사는 가족에게 '어울려? 이상하지 않아?'라는 질문을 던져 가설이 틀리지 않았음을 증명하고 '이 옷으로 하자'라고 결론을 내리고 의사결정을 합니다.

그 외에도 '오늘 점심은 무엇으로 할까?', '주말에 뭘 하며 보낼까?', '골프에 초대받았는데 어떻게 할까?', '연말에 본가에 내려가야 하나?' 등 수많은 문제에 대해 우리는 어떤 식으로든 의사결정을 내리고 있습니다.

우리의 생활은 업무든 사생활이든 모두 '문제'와 '의사결정'의 연속입니다. 즉, 우리는 **자신도 모르게 엄청난 양의 '데이터 분석'을 하는 것**입니다.

"어? 난 뭔가를 결정할 때 파이썬 같은 걸 사용하지 않아요."

이런 소리가 들리는 것 같습니다. 이 또한 오해로, 데이터 분석 = 파이썬이 아닙니다. **파이썬**

과 같은 프로그래밍 언어를 사용하는 것은 데이터 분석 프로세스의 일부분이며 여러 가지 방법 중 하나에 지나지 않습니다.

데이터 분석이 프로세스라는 말이 무슨 뜻일까요? 왜 이시영 실장은 0점이라고 했을까요? 1장에서는 이러한 의문에 관해서 설명하겠습니다.

도대체 '데이터'란 무엇일까?

'데이터 분석'에 대한 오해를 불러일으키는 가장 큰 원인은 **'데이터'에 대한 과대평가**에 있다고 생각합니다.

여러분은 '데이터'라고 하면 어떤 이미지가 떠오르시나요? 인간이 처리할 수 없는 방대한 양의 숫자를 순식간에 해석하고 복잡하게 얽힌 현대 사회에 날카로운 메스를 들이대 다양한 수수께끼나 의문을 단숨에 해결해 주는 뭔가 대단한 '기계'의 모습이 떠오르진 않나요?

절반은 맞고 절반은 틀린 생각입니다.

산업표준을 만드는 국제적인 비정부 기구인 '국제 표준화 기구'(통칭: ISO)에서는 데이터를 다음과 같이 정의하고 있습니다.

> A reinterpretable representation of information in a formalized manner suitable for communication, interpretation, or processing.
> (전달, 해석 또는 처리에 적합하도록 형식화되어 재해석할 수 있는 정보의 표현)

주목해야 할 것은 **'표현', '전달, 해석 또는 처리에 적합하다'**라는 정의입니다.

전 세계에서 공통이며 인식의 불일치를 일으키지 않고 전달, 해석, 처리에 적합한 표현 중 하나가 '숫자'입니다. 그런 의미에서는 데이터 = 방대한 양의 숫자입니다.

한편으로 '말'이나 '만화', '영상'도 모두 정보 표현 방법의 하나이며, 숫자만큼 최적이라고 할 수는 없지만 전달, 해석, 처리에 적합합니다. 즉, **데이터는 '숫자가 대표적이지만, 정보를 표현할 수 있고 해석할 수 있다면 어떤 형식이든 상관없다'**는 것입니다.

'과대평가'라고 표현한 것도 실제로는 일상에 넘쳐나는 다양한 것들이 '데이터'이기 때문입니다.

데이터 자체는 희귀한 것도 아니고 특별한 것도 아닙니다.

그렇다면 '정보'란 무엇일까요? ISO는 다음과 같이 정의하고 있습니다.

> Knowledge concerning objects, such as facts, events, things, processes, or ideas, including concepts, that within a certain context has a particular meaning.
> (개념을 포함하여 특정 맥락에서 특정 의미를 갖는 사실, 사건, 사물, 과정 또는 아이디어와 같은 대상에 관한 지식)

'400억'이라는 숫자는 그저 숫자에 불과하지만, '400억의 남자'로 바뀌면 특정한 의미를 갖게 됩니다. 다시 말해, **특정한 의미를 갖는 대상물의 표현이 데이터이며 가장 일반적으로 사용되는 수단이 '숫자'**입니다.

그렇다면 우리는 평소에 '데이터'를 상당히 좁은 의미로 사용하고 있음을 알 수 있습니다. 고객의 클레임도, SNS에 올라온 자사 상품 관련 사진도 '데이터'입니다. 제1장에서 이시영은 하지원과 나형석을 백화점과 직영점에 데리고 다니며 현장에서 일어나는 일을 확인하고 그 결과를 경영기획실에서 공유했습니다. 그것도 '데이터'입니다.

즉, **'데이터 분석'이란 숫자뿐만 아니라 정보를 표현하는 다양한 형식을 활용하여 의사결정을 내리는 프로세스**를 가리킵니다.

이렇게 설명하면 대부분 '비즈니스 현장에서 내가 일상적으로 하는 일 아닌가?'라고 말할 것입니다. 그렇습니다. 데이터 분석은 업무적으로나 개인적으로도 이루어지고 있고 특별한 것이 아닙니다.

다만, 정해진 프로세스에 따라 데이터 분석을 진행하면 의외로 좋은 성과를 얻을 수 있다는 것이 이 책의 취지입니다. 이제 '데이터 분석'에 대한 오해가 어느 정도 풀리셨을 것 같으니 다음 설명으로 넘어가겠습니다.

데이터 분석에 막히는 것은 풀리지 않는 '문제'이기 때문이다

지금까지 상담을 하면서 다양한 업종 및 업태의 데이터 분석 현장을 접해 왔습니다. 현장마다 똑같은 고민은 없었지만, 어느 현장이나 대체로 같은 지점에서 분석이 막혀 애를 먹었습니다.

바로 '문제와 질문 발견' 단계에서 '문제'와 '질문'을 분리하는 것입니다. 데이터 분석에 막히는 것은 분리에 실패하여, 풀리지 않는 '문제' 그대로 다루려고 하기 때문이라고 생각합니다. 참고로 데이터 분석 현장에서는 이런 질문이 자주 들어옵니다. "상품 A가 잘 팔리지 않는 이유는 무엇인가요?", "쇼핑몰 사이트의 매출이 떨어지고 있는데, 새로운 광고를 해야 할까요?", "상품의 색상을 늘려야 할까요?", "유행하는 쿠폰을 배포해야 할까요?" 등등 다양합니다.

어느 것이든 YES일 수도 NO일 수도 있습니다. 하나의 정해진 답이 있는 것도 아니고, 애초에 답이 있다고도 할 수 없는 매우 어려운 문제입니다. 하지만 필자에게는 풀리지 않는 문제 앞에서 시간을 허비하고 있는 것처럼도 보였습니다.

"답이 없는 문제로 헤매고 고민하고 괴로워하며 시간을 낭비하고 있지 않나요?"

필자가 이렇게 말을 하면, 상대방은 내 말을 알아들었다는 듯이 "비즈니스라는 게 답이 없잖아요", "우선은 행동부터 해야겠지요?"라고 되묻곤 합니다.
그렇지 않습니다.

비즈니스에는 답이 없더라도 데이터 분석에는 반드시 답이 있습니다. 이를 위해서는 풀리지 않는 '문제'에서 해답이 있는 '질문'으로 바꿔야만 합니다.

예를 들어 "1 + 1은?"(답은 '2') 또는 "연필을 쥐는 손은 오른손? 왼손?"(답은 '오른손잡이는 오른손, 왼손잡이는 왼손, 양손잡이는 둘 다')과 같이 가급적 '해답' 혹은 '가설'이 바로 떠오르는 '질문'으로 대체하는 것입니다.

애초에 '문제'와 '질문'은 비슷하게 생겼지만, 그 의미는 전혀 다릅니다. 영어로 표현하면 이해하기 쉽게 '문제'는 Problem, '질문'은 Question입니다. 영영사전에 따르면 Problem은 'a situation that causes difficulties(어려움을 야기하는 상황)'를 의미하며, Question은 'a sentence or phrase that is used to ask for information or to test someone's knowledge(정보를 요청하거나 누군가의 지식을 테스트하기 위해 사용되는 문장 또는 구문)'를 의미합니다.

예를 들어, "지구 온난화를 막기 위해 어떻게 해야 하는가?"는 문제이고, "지구 온난화의 원인인 이산화탄소 배출량을 어느 정도까지 제한해야 하는가?"는 질문입니다. '문제'를 '질문'으로 바꾸면서 모호함이 제거되고 구체화됩니다.

▶ '문제'를 '해답', '가설'이 바로 떠오르는 '질문'으로 치환한다.

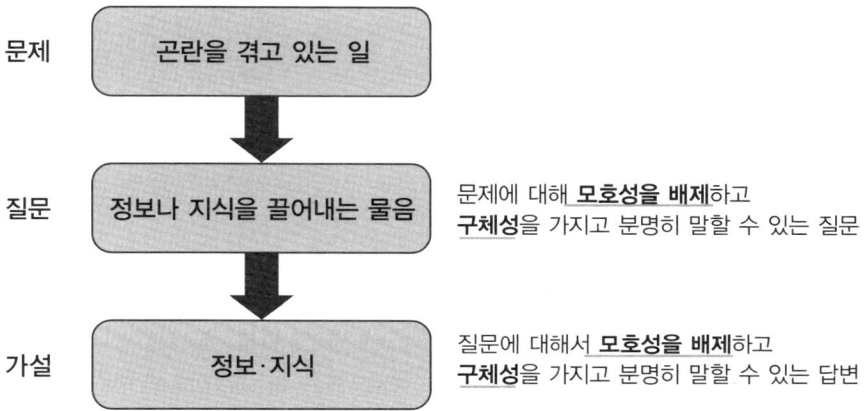

쉽게 말하자면, **문제(Problem)**란 '**곤란해 하는 상황**'이고, **질문(Question)**은 '**정보나 지식을 이끌어내는 물음**'입니다.

○― '문제'를 '질문'으로 나눈다

필자의 실제 경험을 토대로 '문제'를 '질문'으로 바꾸는 사례를 소개하겠습니다. 예를 들어, 이 책을 읽고 있는 여러분이 아침에 일어나니 8시 40분으로 9시 출근하는 회사에 거의 지각이 확정된 상황에 부딪혔다고 가정합시다. (참고로 2000년대 후반 이야기이며, 당시에는 재택근무는 상상도 할 수 없었습니다.)

이런 상황에서 어떻게 해야 할까요? 먼저 이 '문제'를 '질문'으로 바꿔봅시다. 지각하지 않기 위해 무엇을 할 수 있을까? 이제 포기하고 지각할 것인가? 차라리 꾀병이라도 부릴까…? 무수한 '질문'이 떠오릅니다. 덧붙이자면 필자는 회사 근처에 살았기 때문에 자주 택시를 이용했고 7분 정도면 도착했습니다.

▶ 문제와 질문을 분류한다 ①

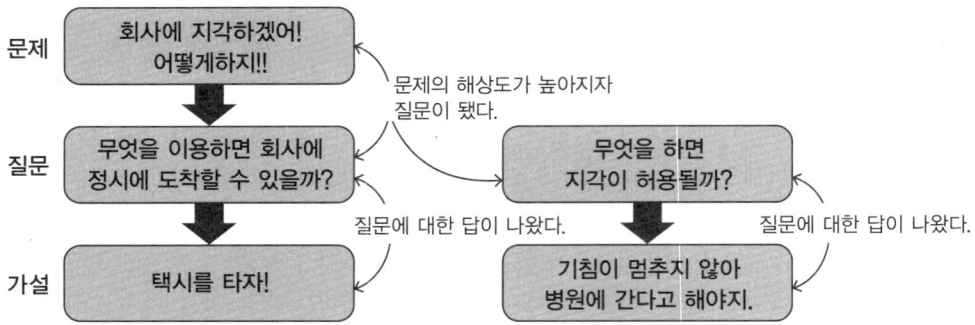

'문제'를 답이 있는 '질문'으로 치환하면 자연스럽게 '가설'도 떠오릅니다. 바꿔 말하면, "1+1은?", "2"라고 바로 답할 수 있는 것처럼 **가설을 바로 답할 수 있는 '질문'으로 바꿔야 합니다**.

'문제', '질문', '가설'이 일직선으로 연결되면 '문제와 질문 발견' 단계가 완성됩니다. 이제부터는 발견한 '가설'을 증명하기만 하면 됩니다. 간단하죠? 그렇습니다. **'데이터 분석'은 요령만 파악하면 간단합니다**.

덧붙여, 처음부터 '지각에 어떻게 대응할 것인가'가 아니라 '지각하는 자신을 어떻게 변화시킬 것인가'를 '문제'로 설정하는 것도 생각해 볼 수 있습니다. 이 '문제'를 '질문'으로 치환해 봅시다. '어떻게 하면 8시에 일어날 수 있을까?', '몇 시까지 자야 8시에 일어날 수 있을까?' 이 역시 무수히 많은 '질문'이 떠오를 것입니다.

▶ 문제와 질문을 분류한다 ②

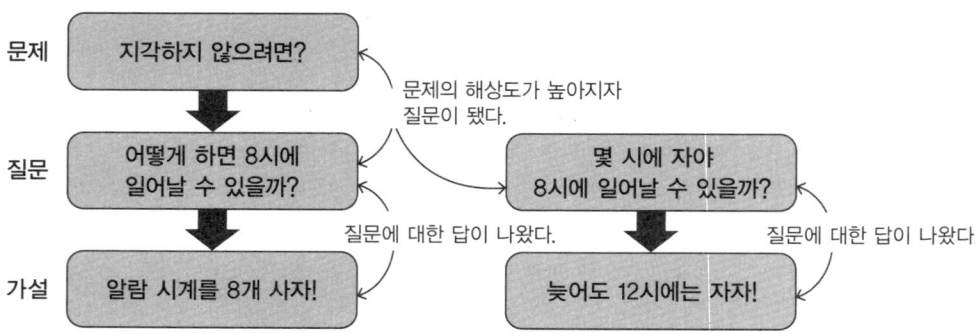

즉, 어려움을 야기하는 상황에서 무엇을 문제로 삼느냐에 따라 그 이후의 질문과 가설, 의사결정이 크게 달라진다는 것입니다.

Problem은 'a situation that causes difficulties(어려움을 유발하는 상황)'라고 설명했습니다. 바로 그 '상황'을 어떻게 표현하느냐, 어떤 의사결정을 내리고자 하느냐에 따라 문제의 표현은 크게 달라집니다.

형석은 왜 '0점'을 받았을까?

만화에서는 "올바른 질문에 의해서만 올바른 답을 얻을 수 있다"(『매니지먼트(상)』, 다이아몬드사, 일본어판 P.69에서 인용)라는 유명한 경영학자 드러커의 말을 인용하며 형석의 가설을 '0점'으로 평가했습니다.

참고로 『매니지먼트』가 출간된 1973년보다 약 20년 전인 1953년에 출간된 『현대의 경영』에서 드러커는 "중요한 것은 올바른 답을 찾는 것이 아니라 올바른 질문을 찾는 것이다. 잘못된 질문에 대한 올바른 답만큼 위험하다고까진 할 수 없어도 쓸모없는 것은 없다."(『현대의 경영(하)』, 다이아몬드사, 일본어판 P. 226에서 인용)라고도 말했습니다.

왜 '0점'이었는지는 말할 필요도 없습니다. 형석은 '매출이 떨어졌다'라는 문제에 대해 '왜 팔리지 않는가'라는 질문을 던지고, 3C 분석을 바탕으로 '시장 변화', '경쟁자 존재', '매장이 더러움'이라는 가설을 세웠습니다. 하지만 지금까지 설명한 '문제', '질문', '가설'의 관점에서 생각하면 크게 빗나갔습니다.

그 이유는 **'질문'의 품질이 좋지 않았기 때문**입니다. 이시영 실장은 "왜 팔리지 않는가?"라는 질문은 제조사의 시각에서 비롯된 것이며, 그 질문을 해결하더라도 원하는 정답에 도달할 수 없다고 지적했습니다(단 3C 분석이 나쁘다는 것은 아닙니다. 어떤 무기라도 잘못 사용하면 무용지물입니다).

이런 실수는 데이터 분석 현장에서도 자주 일어납니다. 이시영 실장처럼 지적해주는 상사가 있으면 좋겠지만, 그렇지 않으면 제조사의 시각에서 질문에 대한 가설을 검증하여 마케팅 정책이 엉뚱한 방향으로 흘러가게 됩니다.

이제부터 이시영 실장의 지적을 따라서 '질문'의 품질을 높이는 방법에 대해 생각해 봅시다.

질문의 품질을 높이는 '해상도'

만화에서 이시영 실장은 '질문'의 품질을 높이기 위해서 "해상도를 높이라."고 지원과 형석에게 지시했습니다.

원래 해상도란 모니터나 인쇄물에 사용하는 용어로, '표현의 세밀함'이라는 의미가 있습니다. 예를 들어 '모니터의 해상도가 높다'는 것은 화면 전체가 더 세밀하게 표현되어 선명하고 아름다운 상태를 의미합니다.

그 의미가 확장되어 <u>'비즈니스 영역에서 해상도'는 '전체를 조망하고 사건의 세부를 얼마나 묘사할 수 있는가?'를 묻는다</u>고 할 수 있습니다. '고객의 해상도를 높이자', '사업의 해상도가 낮다' 등 몇 년 전부터 비즈니스 영역에서 '해상도'라는 말을 듣는 빈도가 높아졌습니다.

'전체'와 '세부'라는 상반되는 단어가 포함된 것이 포인트입니다. 왜냐하면 미크로(소)의 합이 매크로(대)가 되지 않기 때문입니다. 미크로는 무수한 미크로일뿐입니다. 미크로가 매크로를 대신할 수 없습니다. 마찬가지로 어느 특정 부분만 세밀하게 표현할 수 있다고 해도 별 의미가 없습니다. 오히려 균형이 깨질 뿐입니다.

예를 들어, 자사 비즈니스 중 제조 부문만 해상도가 높다고 해서 '자사 비즈니스의 해상도가 높다'고 말할 수는 없습니다. 조달은? 회계는? 영업은? 고객은? 이런 생각이 잇따를 것입니다. **즉, 전체(매크로)를 파악한 후에 부분(미크로)을 이해해야 "해상도가 높다"고 말할 수 있습니다.**

필자는 해상도에 대해 '그림'으로 설명할 기회가 많습니다. 고객의 해상도가 높지 않은 사람은 고객의 왼손은 세밀하게(주름까지) 그릴 수 있지만, 윤곽이나 오른손은 한 줄의 선으로 그리고 하반신은 그릴 수조차 없습니다. 부분을 세밀하게 그리는 것도 전체를 조망해서 그리는 것도 해상도가 높기 때문에 가능한 일입니다.

그렇다면 어떻게 해야 해상도를 높일 수 있을까요? 이시영 실장은 '원인과 결과', '구체와 추상'을 파악해야 한다고 설명했습니다.

소비자는 '행동'과 '결과'로 생각한다

'원인과 결과'는 이시영 실장과 지원이 만화 속에서 질문을 바꾸기 위해 고민했던 부분입니다.

▶ 질문의 변천

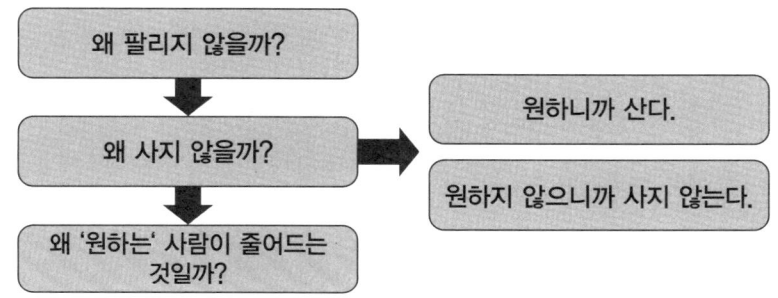

여기서 주목해야 하는 것은 '원하니까 산다 ⇔ 원하지 않으니까 사지 않는다'에서 '원인'과 '결과'를 떠올리고, **'사지 않는다'를 '원하는 사람이 줄었다'로 해상도를 높인 점**일지도 모릅니다.

'팔리지 않는다'라는 제조사의 시각에서 '사지 않는다'라는 소비자의 시각으로 치환했을 때 누구나 "왜?"라고 생각하겠지요. '원하는 사람이 줄었다'라는 표현은 단순하지만, 인간의 행동을 정확하게 포착하고 있어 가설로서 우수합니다. (그렇습니다. 여기서도 '질문'과 '가설'이 펼쳐지고 있네요.)

필자는 과거에 마케팅 리서치에 종사했던 경험을 바탕으로 **인간은 원인과 결과의 조합으로 구성되어 있음을 통감했습니다.** 원인은 '마음'이고, 결과는 '행동'입니다. 마음과 행동을 파악하면 데이터 분석의 깊이가 깊어지지만, 의외로 '마음'에 해당하는 데이터를 구하기가 어렵습니다.

▶ 마음이 행동을 낳는다

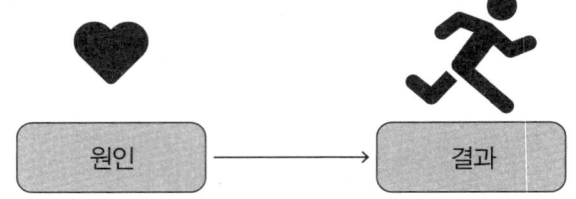

여기서 간단한 예를 살펴보겠습니다. 다음은 어떤 소비자의 데이터입니다.

- 서울 근교 호텔 검색 이력이 많다.
- 호텔 레스토랑(평균 단가 10만 원/1인 정도)을 월 1회 이용했다.
- 예약 시 '2명'을 선택했다.
- 레스토랑을 선택한 이유로 '데이트'라고 응답했다.

이 데이터에서 무엇을 알 수 있을까요? 한 달에 한 번, 두 사람이 데이트한다는 것이겠죠. 따라서, 이 사람에게 좋은 호텔 레스토랑을 소개하면 예약하지 않을까? 하고 추측할 수 있습니다. 하지만 어째서 한 달에 한 번씩 호텔 레스토랑에서 데이트하는지까지는 알 수 없습니다.

사실 이 데이터는 필자의 행동을 표현한 것입니다. 이런 행동을 하게 된 배경을 설명해 보겠습니다. 필자는 맞벌이하고 있고, 매일 일에 쫓기다 보니 여유롭게 저녁 식사를 할 기회가 많지 않은 것이 현실입니다. 하지만 한 달에 한 번은 호텔 특유의 고급스러운 분위기 속에서 평소에는 먹을 수 없는 호화로운 메뉴를 조금씩 시켜두고 마주 앉아서 시간 가는 줄 모르고 대화를 즐기면서 배도 채우고 마음도 채우고 싶었습니다. 그래서 한 달에 한 번 정도 근교에 있는 호텔 레스토랑에 가고 있었습니다.

데이트라고 했지만, 좀 더 해상도 높은 표현으로 바꿔 말하면 '부부관계 유지 보수'와 같은 느낌입니다. 항상 아내의 기분을 상하게 하고 싶지 않다는 마음으로 생활하고 있습니다. 즉, **아내의 기분이 상하지 않도록 부부 관계를 유지 보수하고 싶은 '마음'(원인)에 대해서 호텔 레스토랑에 간다는 '행동'(결과)으로 구성되어 있습니다.**

조금 전에 예로 든 데이터에서 "왜 데이트하는가?"에 대해 조금이라도 언급했더라면, '마음'에 다가갈 수 있어 해상도가 더 높아졌을지도 모릅니다.

실제로는 '행동'을 일으킨 '마음'에 관한 데이터는 수집하지 못하는 현장이 많은 것 같습니다. 이 책을 읽고 계신 여러분도 직장에 축적된 데이터를 다시 살펴보고, '행동'을 일으킨 '마음'(원인)에 관한 데이터를 찾아보세요. 95% 확률로 '없다'는 대답이 나올 것입니다.

소비자는 '구체'와 '추상'으로 생각한다

'구체와 추상'은 만화에서 햄버거와 우동의 사례로 이시영 실장이 소개했었습니다. 이 모순된 행동의 주인공은 사실 필자입니다. (여러 번 필자의 사례가 나와서 죄송합니다.)

맥도날드를 먹는 '입'이 완성되어 있었는데, 왜인지 우동을 찾는 '입'으로 바뀌어 버렸습니다. 호영이 말한 것처럼 뜨거운 우동에 대파와 푸짐한 튀김 부스러기를 올려 마구 섞은 후 한 입에 먹어 치우는 쾌감이란! 전 정크 푸드를 정말 좋아합니다.

▶ 구체와 추상으로 생각한다

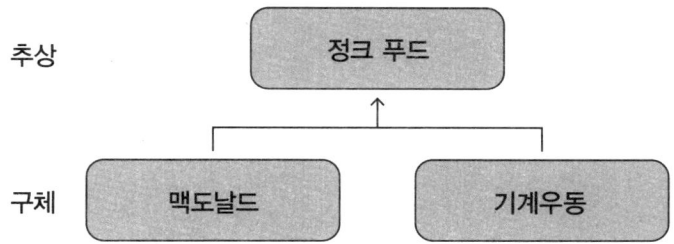

해상도를 높이기 위해서는 사건을 구체적으로 파악하는 것이 중요합니다. 하지만 형석이 "구체적으로 이해한다는 것이 해상도가 높다는 말인가요?"라고 물었을 때 이시영 실장이 부정한 것처럼, 구체성만으로는 부족합니다. **구체성뿐이라면 저는 그저 맥도날드와 기계우동을 좋아하는 사람, 햄버거와 우동을 좋아하는 사람입니다.**

이시영 실장은 "구체적으로 보면 다르지만, 추상적으로 보면 똑같다"고 지적했습니다. 앞서 필자는 '인간은 원인과 결과의 조합으로 구성되어 있다'고 설명했는데, 결과인 '행동'을 보고 '맥도날드를 좋아한다', '기계우동을 좋아한다'라는 피상적인 이해에 머물러서는 원인인 '마음'에 도달할 수 없습니다. 조금 더 추상도를 높여 '정크 푸드를 좋아하는 사람'으로 파악해야 모순된 행동의 이유도 이해할 수 있게 되므로 해상도가 더 높아졌다고 할 수 있습니다.

'원인과 결과', '구체와 추상'은 데이터 분석을 성공으로 이끄는 '열쇠'라고 해도 과언이 아닙니다. 이와 관련해선 제2장, 제3장에서도 반복해서 설명하겠습니다.

이야기는 제2장으로

이 장에서는 '데이터 분석'과 관련된 오해와 데이터란 도대체 무엇인지에 대해 설명했습니다. 그리고 '문제와 질문의 발견' 단계인 '문제', '질문', '가설'의 정확도를 높이기 위해서는 해상도가 중요하며, '원인과 결과', '구체와 추상'을 빼놓을 수 없다는 것을 배웠습니다.

이시영 실장은 해상도를 높이기 위한 훈련으로 '현장에 가라'고 지시했습니다. 앞으로 하지원과 나형석은 어떠한 경험을 하게 될까요? 이야기는 제2장에서 계속됩니다.

[제2장]

'질문'을 찾는다

— 관찰력과 통찰력 —

바둑 규칙을 안다고 해서 이세돌한테 이길 수 없는 것과 같아. 능력과 센스야.

그리고 센스란 관찰력이라고도 할 수 있지.

센스라면 자신 있습니다!

흐~음 그럼…. 지금까지 고릴라는 몇 번 등장했을까?

어? 고릴라요? 동물원에 있는?

정답은 여섯 번!

짜——안!!

0점

알겠어? 이게 관찰력이야.

이건 뭐지? 어디서 샀을까?

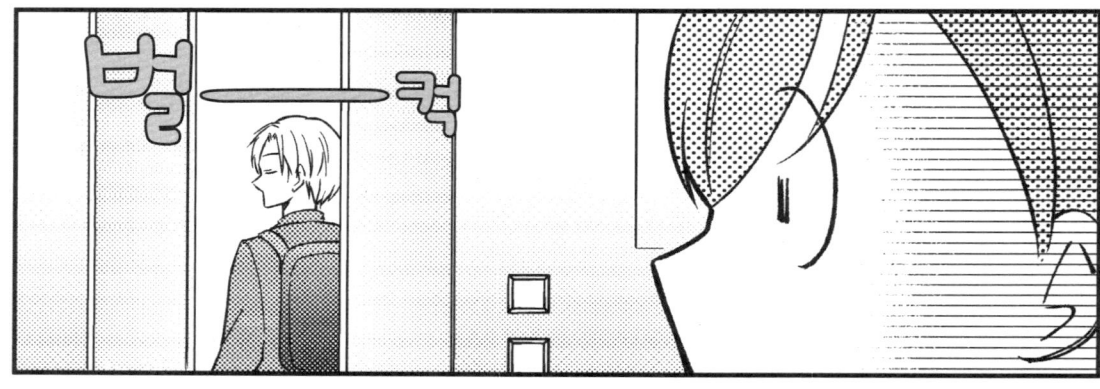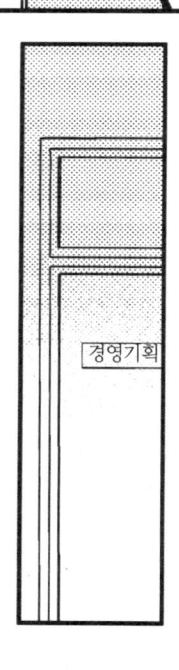

위—잉

슥

도쿄 티아라

다다다

역시….

기—잉

도쿄 티아라의 시폰 케이크는 달걀 흰자만 사용해서 칼로리가 낮아.

그러면서도 단맛이 있어.

피트니스 분야에선 알려진 저당질 저지방 제품이었다니….

보고 싶은 것만을 본다

　제1장 말미에서 "왜 원하는 사람이 줄어들고 있는가?"라는 질문을 발견했습니다. 지원과 형석은 해상도를 높이기 위해 도쿄 티아라 매장으로 가서 소비자 관찰에 들어갔습니다.

　하지만 제2장에서 갑자기 매장에서 쫓겨나게 되면서 영업부장에게는 항의받고 이시영 실장에게는 폭풍 잔소리를 들었습니다. 하지만 이시영 실장의 지도 덕분에 '사실을 있는 그대로 보는' 분석 요령을 터득하고 '도쿄 티아라는 시대에 뒤처졌다', '하지만 저당, 저지방 식단으로 선택받고 있다'라는 '가설'을 찾아낸 것 같습니다.

　이 책을 읽고 있는 여러분도 지원과 형석이 겪은 일을 추체험할 수 있도록 하나하나 경험과 지식을 친절하게 설명하고자 합니다.

　제2장의 주제는 '관찰력'이었습니다. 이시영 실장은 "답다운 답이 뭔지 모르겠다"며 낙담하는 지원에게 "보고 싶은 것만 보고 있기 때문"이라고 지적했습니다. 실제로 필자도 같은 말을 들은 경험이 있습니다. 당시에는 뼈저리게 느껴졌습니다.

　일상을 살면서 '보고 싶은 것'만 볼 수 있다면 필자는 좋아하는 카레와 라면, 가족만 보겠지만, 실제로는 끔찍한 뉴스나 슬픈 사건도 눈에 들어올 수밖에 없습니다. 그래서 '보고 싶은 것'만 보겠다고 눈을 가릴 수는 없지 않나…하고 생각했습니다.

　하지만 사실 '**보고 있다**'고 생각했던 일상조차도 우리는 평소에 보고 싶은 것'만'을 보며 거의 '보고 있

지 않습니다. 예를 들어, 지원과 형석에게 이시영 실장이 "가게에서 쫓겨날 때 안에 몇 명이 있었는지? 남녀 비율은 어땠는지?" 질문했지만, 지원과 형석은 대답하지 못했습니다.

이 책을 집중해서 읽고 있는 여러분도 그때 그 장면을 봤을 것입니다. "어? 그런 장면이 있었어?"하고 몇 페이지 앞으로 넘겼을지도 모르겠네요. 물론 본 줄거리와는 전혀 상관없는 내용이므로 집중하다 보면 그냥 지나칠 수도 있습니다.

이 독서 경험을 시간으로 환산하면 불과 수십 초 전의 일인데 지원과 형석이 가게에서 쫓겨나는 순간이 떠오르지 않는다면, '보지 않았다'라고 이시영 실장이 지적하더라도 할 말이 없을 것입니다.

그 밖에 이시영 실장은 어디서 산지도 알 수 없는 희귀한 고릴라 머그잔이 "몇 번 등장했느냐?"고도 물었습니다. 어쩌면 이 질문은 이 책을 집중해서 읽고 있는 여러분을 위한 질문이었을지도 모르겠습니다. 과연, 바로 대답할 수 있었나요? 아니면 아까처럼 몇 페이지 전으로 돌아가서 등장 횟수를 세어 봐야 했나요?

참고로 형석은 고릴라를 알아보지 못해 이시영 실장에게 '0점'이라는 낙인이 찍혔습니다. 하지만 이 질문은 기억력을 묻는 것이 아닙니다. **이야기에 집중하면 지엽적인 부분에 전혀 주의를 기울이지 못하는 인간 두뇌의 위험성, 수십 초 전 사건을 '봤는데도 보지 못하는' 편견의 무서움을 묻고 있는 것입니다.**

이러한 현상은 'The Invisible Gorilla(보이지 않는 고릴라)'라는 유명한 실험을 계기로 널리 알려지게 됐습니다. 유튜브에도 1분 30초 정도의 실험 영상이 올라와 있으니, 내용이 궁금하신 분은 'The Invisible Gorilla', 'selective Gorilla', 'selective attention test'로 검색해 보세요. 처음 봤을 때 필자는 강한 충격을 받았습니다.

영상은 흰색 티셔츠를 입은 3명과 검은색 티셔츠를 입은 3명이 농구공을 서로 패스하는 장면으로 시작됩니다. 그리고 흰색 티셔츠를 입은 3명이 몇 번이나 패스했는지 세어보라는 지시가 나옵니다. 꽤 빠른 패스가 이어지기 때문에 주의 깊게 보게 됩니다. 그러다가 영상이 어두워지고 "But did you see the gorilla?(그런데 고릴라를 보셨나요?)"라고 표시됩니다.

너무 갑작스러워서 "어? 고릴라요?"라고 한 형석의 심정이 됐습니다. **영상을 돌려봤더니, 패스 횟수를 세는 데 정신이 팔려 고릴라가 당당하게 가로지르는 모습을 놓친 것이었습니다.**

시야에는 들어왔지만, 주의를 기울이지 않아 대상을 놓친 것입니다. **심리학 용어에서 말하는 '무주의 맹시(無注意 盲視, Inattentional Blindness: 시야에 들어왔지만 주의를 기울이지 않아 여러 가지 사물을 놓치는 현상)'**에서 '우리는 주의를 기울이지 않으면 알아차리지 못한다', '우리는 일상을 있는 그대로 보지 않는다'는 것을 알 수 있습니다.

가설이 먼저, 데이터는 나중

데이터 분석, 특히 '문제와 질문 발견' 단계에서 **'무주의 맹시'에 조심하지 않으면 유리한 문제와 질문을 설정하고 유리한 가설을 세우기 십상**입니다. 하지만 조심한다고 해도 '주의를 기울이는 것' 외에 어떤 구체적인 방법이 있을까요?

필자가 소개하고 싶은 것은 세븐앤아이홀딩스의 전 회장인 스즈키 토시부미 씨의 **'가설이 먼저, 데이터는 나중'**이라는 명언입니다. '가설'이라는 주의가 데이터를 바라보는 보조선이 됩니다.

제1장에서 호텔 레스토랑을 조사하는 저의 데이터를 소개했습니다. 다시 한번 그 내용을 게재합니다.

- 서울 근교 호텔 검색 이력이 많다.
- 호텔 레스토랑(평균 단가 10만 원/1인 정도)을 월 1회 이용했다.
- 예약 시 '2명'을 선택했다.
- 레스토랑을 선택한 이유로 '데이트'라고 응답했다.

실제로는 아내의 기분을 상하지 않도록 부부 관계를 유지 관리하려는 '마음'(원인)에서 호텔 레스토랑에 가는 '행동'(결과)의 데이터라고 설명했습니다.

만약 '마음'(원인)을 모른 채 '행동'(결과)만을 본다면 '누군가와 단둘이 데이트를 하는구나', '비싼 레스토랑을 예약했으니 소중한 사람이 있겠지.' 정도밖에 추측할 수 없습니다. **그 추측은 맞을**

수도 있고 틀릴 수도 있는 종잡을 수 없는 데이터의 늪에서 빠진 듯한 느낌입니다.

하지만 데이터를 제공한 필자를 인터뷰해서, '**관계에 금이 가는 것을 극도로 두려워한다**', '**이 사람은 애처가라기보다는 공처가에 속한다**'라는 가설을 세우고 데이터를 보면, '아내의 기분을 맞춰 주는 것일 수도 있다'로 데이터를 바라보는 시각이 달라집니다.

▶ 가설을 통해 데이터를 본다

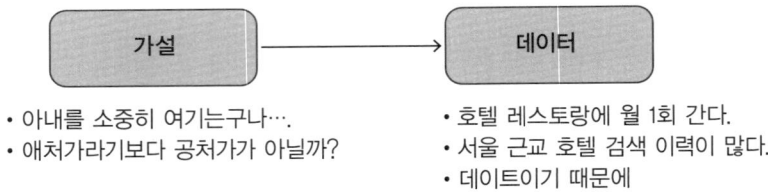

가설뿐만 아니라 문제나 질문도 데이터를 보는 보조선으로 효과적입니다. 데이터는 '특정한 의미를 가진 대상의 표현'입니다. 숫자를 비롯해 고객의 불만, SNS에 올라온 자사 상품 관련 사진도 '데이터'입니다. 우리 주변의 일상, 비즈니스 환경 모두가 '데이터'인 것입니다. **그중 어디에 주목해야 하는지는 '문제', '질문', '가설'이라는 보조선이 있어야 알 수 있습니다.**

필자는 **데이터의 어디에 주목해야 할지 파악하는 힘이 '관찰력'**이라고 생각합니다.

○─ '관찰'은 어렵다

대(매크로)에 대한 이해를 바탕으로 소(미크로)를 이해하는 '해상도가 높은' 상태를 목표로 하기 위해, '무주의 맹시'에 갇히지 않고 '문제', '질문', '가설'이라는 보조선을 그리며 데이터를 관찰하는 것이 중요합니다…라고 말했지만, 그렇게 할 수만 있다면 고생할 이유가 없겠지요.

필자 역시 데이터 분석에서 다양한 실패를 경험했는데, 관찰력 부족을 반성하게 되는 계기가 여러 번 있었습니다. 참고로 **생각만 해도 아직 속이 쓰린 실패를 변형한 사례가 이 책 프롤로그에 등장한 '개수 세는 이야기'**입니다.

이시영 실장은 커팅한 과일이 담긴 접시를 가리키며 "딸기는 몇 개일까?"라고 물었습니다. 형석은 '2개', 남철은 '4개', 호영은 '3개', 지원은 '공장에서 반으로 자른 딸기를 1개로 정의하기 때문에 6개'라고 대답했지요. 이처럼 **개수를 세는 방법이 다른 것만으로도 현실은 사람에 따라 다르게 보입니다.**

이시영 실장은 책상 위에 있는 딸기를 세는 것뿐인데 왜 답이 제각각이냐며 지적했지만, 이는 '데이터의 어디에 초점을 맞출지 파악하는 관찰력'이 부족하기 때문이라고 할 수 있습니다. 이때 공장에서 세는 방법의 정의를 알고 있는 지원만이 어디에 주목해야 하는지 보조선을 갖고 있었던 것이고, 그게 이시영 실장이 빙긋이 미소 짓게 한 이유입니다.

우리는 평소에 '이것은 이런 것이다'라는 편견을 가지고 데이터를 관찰합니다. 그 편견이 데이터를 있지도 않은 무언가로 바꾸어 정확한 질문과 가설을 세우지 못하게 만든다고 해도 과언이 아닙니다.

즉, 관찰로 인한 실패의 대부분은 편견에 원인이 있습니다. 애초에 데이터의 어디에 초점을 맞추는 것 자체가 지극히 주관적인 행위이므로 편견이 생기기 쉬운 것도 당연합니다.

편견을 없애는 것은 어려운 일이지만, 자신의 시각이 혹시 편향된 것은 아닐까…하고 객관적, 전체적인 시선으로 자신을 바라보지 않으면 영원히 관찰력은 높아지지 않고 데이터 분석도 잘 되지 않습니다.

그래서 관찰이란 의외로 어려운 일입니다. 깊이가 깊다고도 할 수 있습니다.

관찰력과 관련해 아주 좋은 문제가 있습니다. 도쿄예술대학 미술학부 회화과 유화 전공의 2020년도 1차 실기 시험에서 '사과를 든 손', '종이를 든 손', '아무것도 들지 않은 손'을 모두 그리는 문제가 출제되었습니다.

사과를 든 손. 종이를 든 손. 쉬운 문제라고 생각하실지도 모르겠습니다. 그럼, 일단 사과를 든 손을 재현해 봅시다. 머릿속으로도 괜찮으니 자신이 생각하는 '사과를 든 손'을 상상해 보세요.

두 손으로 소중한 듯 사과를 감싼 사람, 손바닥에 올려놓은 사람, 옆으로 든 사람, 꼭지만 잡은 사람 등 사과를 든 손은 사람마다 다릅니다. 출제 의도에는 '대상을 잘 관찰하여 고유한 형태와 질감, 색채를 적합하게 묘사했는지, 문제를 어떻게 이해하고 표현했는지를 물었다'고 적혀 있어 관찰력도 평가하고 있음을 알 수 있습니다.

'사과를 든 손'에 정답이 있는 것은 아닙니다. '어떻게 세상을 바라보는가?'라는 주관적인 눈과 '얼마나 정확하게 묘사하고 있는가?'라는 객관적인 눈 모두를 묻고 있습니다. 그렇기에 필자는 이 문제가 아주 좋은 문제라고 생각합니다.

즉, 문제, 질문, 가설을 바탕으로 데이터를 관찰하는 것은 어디까지나 주관적인 풍경에 객관적인 보조선을 긋는 행위입니다. 주관적이면서 객관적이기도 한 그 균형 감각이야말로 과학으로 가득 찬 데이터 분석의 '예술적 측면'이라고 할 수 있습니다.

덧붙여 이 '관찰력'이 어느새 몸에 밴 지원과 형석은 2장 후반부에 이르러 '객관적인 눈'을 키웠고, 데이터의 바다에서 '피트니스 분야에서 인기 있는 시폰 케이크', '당분을 피하려 해도 스트레스 해소를 위해 먹고 싶어진다는 모순'을 발견할 수 있었습니다.

인간은 무의식적으로 거짓말한다

필자는 '주관적인 눈'과 '객관적인 눈'으로 데이터를 관찰하는 행위 자체가 난도가 높은 '무리한 일'이라고 생각합니다.

평소 마케팅 분야에서 일하는 필자는 **주관적이면서도 객관적으로 데이터를 관찰하다 보면 인간이 얼마나 '무의식적으로' 거짓말을 하는지 알게 됩니다. 인간 자체가 지극히 '주관적'인 존재이므로 높은 관찰 스킬이 요구되는 것입니다.**

인간은 자신을 돋보이고자 무의식적으로 '남들이 선호하는 행동', '남들이 좋게 생각하는 행동'을 많이 하고 '남들이 싫어하는 행동', '남들이 좋지 않게 생각하는 행동'을 적게 합니다.

예전에 어떤 상품 인터뷰를 했을 때, '도넛은 봉지에서 다 꺼내서 접시에 담아 가족들과 나눠 먹는다', '도마는 일주일에 두 번씩 소독한다', '소중한 옷은 손빨래한다'고 이야기를 듣고 '다들 깔끔하게 사는구나'라고 느꼈는데, 나중에 알고 보니 그 모든 것이 '보기 좋게 보이려는 거짓말'이었다는 것을 알게 된 적이 있습니다.

봉지째로 그냥 먹다가 남으면 랩으로 싸서 냉동 보관하고, 소독은 3개월에 한 번 정도 하며, 손빨래는 거의 하지 않더군요. 물론 한 번도 안 하는 것은 아니니 '새빨간 거짓말'은 아니지만, '그렇게까지 겉모습에 신경 쓰지 않아도 되겠구나'하고 생각하게 됐습니다.

미국 기업에 근무하는 한 마케터는 "Consumers in reality often do things differently than what they say they do(현실의 소비자들은 말과 다르게 행동하는 경우가 많다)."라고 설명했습니다.

언행 불일치라든가 조변석개라든가 그런 부류의 이야기가 아니라, 이 책을 읽는 당신도 놀랄 정도로 인간은 **관심이 없는 영역에선 처음부터 일관성 따위는 없다고 생각하는 편이 좋습니다.** 조금 전 이야기도 관심이 없는 내용이라 기억에 흐릿하게 남아 있지만, 자신을 돋보이고 싶어서 '깔끔한 생활 태도'에 치우쳐 설명한 것으로 생각합니다.

어차피 **인간은 곤란한 일이나 고민거리 자체의 기억을 덮어쓰고 잊어버린다**고도 합니다. **인간의 두뇌는 그 정도로 '적당히' 만들어져 있습니다.** 그 결과가 '무의식적인 거짓말'로 이어집니다.

이 책을 읽고 있는 여러분도 한두 가지쯤 떠오르는 경험이 있지 않나요?

'소리 없는 목소리'를 찾아내는 정성 조사

코로나 이전 일인데, 저출산이 진행되고 있던 지자체에서 '결혼하지 않는 이유'를 조사한 결과를 가지고 상담받으러 왔습니다.

조사에서는 '결혼하지 않는 이유 중 해당하는 것은 무엇인가요?'라는 질문에 '만날 기회가 없어서', '수입이 부족해서', '부모가 반대해서', '시기가 아니라서' 등의 선택지가 있었는데, 가장 많은 응답자가 나온 것은 '만날 기회가 없어서'였습니다. 그래서 행정력을 동원해 거리 미팅을 주최했지만, 처음부터 참여자가 적어 그다지 활성화되지 않았다고 합니다.

"만날 기회가 없다고 해서 길거리 미팅을 주최했는데… 뭔가 잘못된 것 같아요. 어떻게 하면 좋을까요?"

담당자는 이렇게 말했지만, 저는 속으로 '그야 그럴 수밖에요…'라고 생각했습니다.

'만날 기회가 없다'는 언뜻 보기에 가장 쉽고 무난한 선택지입니다. 하지만 실제로는 '연애 자체가 귀찮다', '결혼 제도 자체가 구식이다', '아이가 있으면 자유가 없어진다', '부모나 친척의 자녀 압박이 짜증 나서 결혼이 싫어졌다' 등 남들 앞에서 말하고 싶지 않은 부정적인 '속마음'이 있을 것입니다. 조사 문항에 그런 항목이 있었다면 결과가 달라졌을지도 모릅니다.

즉, 인간의 마음(원인)에 초점을 맞추고 그 안으로 깊숙이 파고들어야 비로소 관찰할 수 있는 데이터도 있습니다. 그런 **소리 없는 목소리**에 귀를 기울여서, 보이지 않던 데이터를 드러낼 질문을 **던지는 것**도 데이터 분석의 역할에 포함됩니다.

마케팅 세계에서는 '소리 없는 목소리'를 찾아내는 방법을 정성 조사(定性調査, Qualitative Research)라고 부릅니다. 구체적으로는 **'말과 그 의미를 통해 소비자를 이해하고 분석하는 조사',**

'**소비자에게 말을 걸거나 혹은 그 목소리에 귀를 기울인 결과를 대상으로 분석하는 조사**'라고 할 수 있습니다. '말'이 중요한 열쇠를 쥐고 있습니다. 참고로 '소리 없는 목소리'를 찾아내는 정성 조사는 '무의식적인 거짓말'에 속지 않기 위해서도 효과적입니다.

면접관과 대상자가 1:1로 대화하는 '심층 인터뷰(In-depth Interview)', 대상자의 행동과 환경을 가까이서 관찰하고 기록하는 '에스노그래피(Ethnography)' 등 다양한 조사 방법이 있습니다. 앞서 언급한 '깔끔한 생활 모습'이 남에게 보여주기 위한 허세라는 걸 깨닫게 된 것도 '에스노그래피'가 계기였습니다.

형석은 매장을 방문한 손님에게 "왜 케이크를 사지 않나요?"라고 물어봤다고 했습니다. 이것도 정성적 조사라고 할 수 있지만, 이시영 실장은 **멍청한 질문**이라고 핀잔을 주었습니다.

왜냐하면 인간은 자신이 보이는 범위 내에서만 언어화할 수 있기 때문입니다. 보이지 않는 범위는 보이지 않기 때문에 말로 표현할 수 없습니다. 예를 들어, 별다른 생각 없이 우연히 구입한 상품이나 별로 좋아 보이지 않는 상품에 "왜 그걸 사셨어요?", "왜 그걸 안 사셨어요?"라고 평가를 부탁해도 본심에 다가갈 수 없습니다. '소리 없는 목소리'에 도달할 수 없는 것입니다.
그런데도 "어째서죠?", "왜요?"라고 반복해서 묻는다면, 상대방은 어쩔 수 없이 "◎◎이기 때문입니다."라고 대답할 수밖에 없습니다. 물론 그것은 **무의식적인 거짓말**입니다.

이시영 실장은 형석에게 "왜 양복은 XY 사 제품이 아닌가요?", "넥타이는 왜 AB 사 제품이 아니죠?", "앞머리는 왜 내린 거죠?"라고 질문했습니다. 형석은 무심코 **"그런, 이유 같은 건…."**이라며 본심을 내보였습니다. 이어지는 말은 아마도 "없다."였을 것입니다. "그냥"이라고 밖에 설명할 수 없는 것은 무수히 많습니다.

▶ 보이기 때문에 알 수 있고, 보이지 않으면 모른다

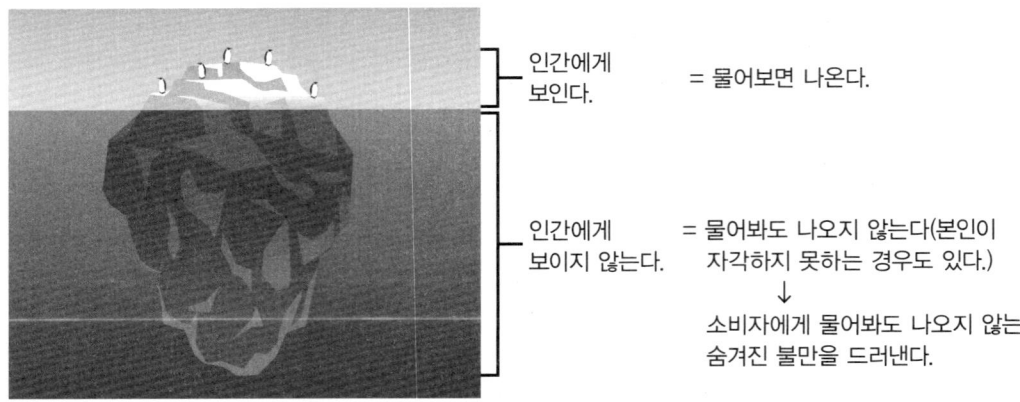

그래서 뇌는 기본적으로 휴리스틱이라는 빠른 사고의 의사결정에 의존합니다. '이거 진지하게 해야겠는데…'라는 생각이 들 때만 느린 사고로 전

머리를 싸매고 고민해서 도출해 낸 꼭 갖고 싶은 것, 필요한 것, 어쩔 수 없이 사야 하는 것에 대해 물어보면 그 이유를 들을 수 있습니다. 그러나 습관적으로 행동하면서 지금까지의 경험에 따라 깊이 생각하지 않고 그냥 사거나 사지 않는 경우라면 이유를 물어봐도 답이 나오지 않습니다.

지원은 자신이 입고 온 옷에 대해 "옷 가게나 인터넷에서 우연히 발견하고, 그냥 마음에 들어서 산 것 아니야?"라는 지적에 아무 말도 할 수 없었습니다. 여기서 "그냥"을 언어화하기 어렵기 때문입니다.

그 이유에 대해 행동경제학자 다니엘 카너먼(Daniel Kahneman)이 저서 『Thinking, Fast and Slow』에서 소개한 **'빠른 사고(Fast Thinking)와 느린 사고(Slow Thinking)'**에서 힌트를 얻을 수 있습니다.

빠른 사고란 거의 아무 생각도 하지 않기 때문에 직관적이고, 인상이나 연상으로 바로 결론을 내리기 쉬우며 습관적으로 움직이는 무의식적으로 만들어지는 상태를 가리킵니다.

느린 사고란 깊이 생각하기 때문에 논리적이고 주의력이 필요하지만, 복잡한 계산과 논리를 통해 답을 도출할 수 있는 상태를 가리킵니다.

항상 느린 사고의 상태를 유지하기는 어렵습니다. 뇌가 너무 많이 일하다 보면 피곤해지고 주의력이 언젠가는 소진될 수밖에 없습니다. 그래서 뇌는 기본적으로 휴리스틱이라는 빠른 사고의 의사결정에 의존합니다. '이거 진지하게 해야겠는데…'라는 생각이 들 때만 느린 사고로 전환되는 것입니다.

예를 들어 구구단 계산, 신발 끈 매기, 페트병 뚜껑 열기 등은 빠른 사고로 실행할 수 있지만, 69×88의 답을 구하거나 어려운 서류를 작성할 때는 느린 사고로 전환됩니다.

하지만, 빠른 사고는 직관에 의지하기 때문에 '잘 생각하면 틀릴 수 없는 문제'를 틀릴 수도 있습니다. 예를 들어, 여러분이 평소 이용하는 편의점 수와 소원이 있을 때 참배하는 신사의 수 중 어느 쪽이 더 많을까요?

일본 프랜차이즈체인협회가 발표한 지난 2023년 5월 자료에 따르면 편의점 수는 5만 6,724개, 2022년 종교연감에 따르면 신사 수는 전국적으로 8만 847개였습니다. 즉, 신사의 수가 더 많습니다.

평소 편의점을 많이 다니다 보니 빠른 사고가 작용해서 '전국에 편의점은 넘쳐난다'라고 생각하기 십상이지만, 애초에 역사가 길고 각 지방 구석구석까지 침투해 있는 신사가 더 많은 것은 잘 생각해 보면 당연한 일입니다.

이 빠른 생각, 느린 생각을 앞의 예에 적용해 보겠습니다.

- 꼭 갖고 싶은 것, 정말 필요한 것, 어쩔 수 없이 사야만 하는 것을 머리를 싸매고 고민해서 결정한다
  ⇒ 느린 사고

- 습관적으로 행동한다. 지금까지의 경험에 따라 깊이 생각하지 않고 그냥 사서 쓴다.
  ⇒ 빠른 사고

제1장에서 해상도를 높이기 위해서는 '원인과 결과를 파악'해야 한다고 설명했습니다. **느린 사고는 원인과 결과를 논리적으로 생각하면서 선택하는 상태, 빠른 사고는 순간적으로 생각해서 판단하기 때문에 돌이켜보면 원인을 잘 모르는 상태**라고 할 수 있습니다.

형석의 정장이 XY 사 제품이 아닌 이유, 넥타이가 AB 사 제품이 아닌 이유, 앞머리를 내린 이유도 빠른 사고 상태였기 때문에 별 의미가 없다고 어느 정도 설명할 수 있습니다.

하지만, 소비자 스스로 원인을 언어화하지 못하면 해상도가 높아지지 않아 분석의 정확도가 높아지지 않습니다. **따라서 빠른 사고에서 나온 행동을 데이터 분석하는 정성 조사는 상당히 난도가 높다**고 알려져 있습니다. 거의 끝판왕이라고 표현해도 좋을 것 같습니다.

물론 그렇다고 해서 방법이 없는 것은 아닙니다. 세 가지 방법을 소개하겠습니다.

S-O-R 이론

인간이란 참 신기한 존재입니다. 남편과 아이를 위해 매일 아침 6시에 일어나 직접 도시락을 만드는 사람이 있는가 하면, 냉동식품으로만 채워진 도시락을 냉장고에 넣어 하룻밤 동안 자연 해동시키는 사람도 있습니다. 죽을 만큼 힘들 때, 어떤 사람은 철저히 슬퍼하는 사람이 있는가 하면 어떤 사람은 반대로 껄껄대며 웃는 사람이 있습니다. 같은 상황에 처했다고 해서 같은 태도를 보이는 것은 아닙니다.

필자는 **같은 상황인데도 다른 반응을 보이는 것이 '인간다움'**이라고 생각합니다. 관점을 바꾸면 마음(원인)에 대해 다른 행동(결과)을 보이는 것이 인간입니다. 그렇기 때문에 한 사람 한 사람의 해상도를 높일 필요가 있는 것입니다. 모두 똑같이 반응한다면 깊이 이해할 필요가 없겠지요.

"동일한 자극인데 왜 사람마다 다른 반응을 보이는가?"라는 질문에 대해 심리학자 클라크 헐(Clark Leonard Hull)은 Stimulus(자극)-Organism(유기체)-Response(반응)의 머리글자를 딴 S-O-R 이론을 주장했습니다. 간단히 말해, 어떤 자극(Stimulus)에 대해 유기체(Organism), 즉 생물 개체 고유의 인식, 감각, 의식, 완성의 차이가 있기 때문에 서로 다른 반응(Response)을 보인다는 이론입니다.

이 이론에서 중요한 점은 유기체에 있습니다. 사람마다 유기체 'O'가 있기 때문에 동일한 '자극'에 대해 서로 다른 '반응'을 보이는 것입니다.

도쿄 티아라의 케이크를 함께 먹자고 했을 때 '다이어트 중이라 과자는 안 된다'고 인식하고 있는 사람은 "오늘은 좀…"이라고 대답할 것이고, '다이어트 중이지만 케이크 배는 따로 있다!'라고 인식하고 있는 사람은 "같이 먹어요!"라고 대답할 것입니다. 어떻게 인식하느냐에 따라 이처럼 반응이 달라집니다.

▶ S-O-R 이론의 개요

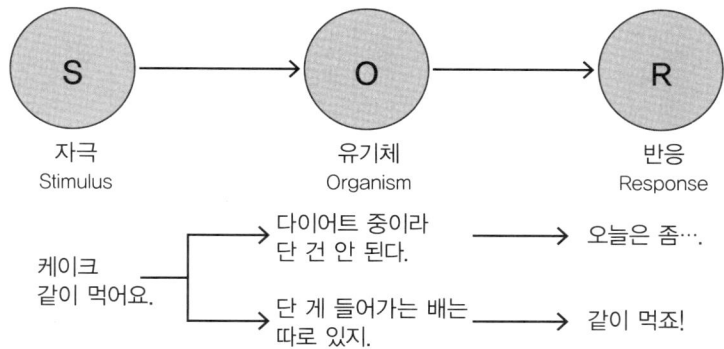

빠른 사고 상태의 경우 **원인을 찾기보다 인식·감각·의식이 길러진 계기를 찾는 것이 좋은 데이터를 만날 가능성이 높아집니다.**

예전에 활자 중독이라고 해도 좋을 정도로 책, 신문, 웹 기사, 글만 읽는 사람과의 인터뷰에 동석한 적이 있습니다. 여러 가지 원인을 파고들어 물어봐도 요점을 파악할 수 없었는데, 인식-감각-의식에 초점을 맞춰 물어보니 어린 시절 부모로부터 "글을 읽어야 바보가 안 되고 똑똑해진다."는 말을 많이 들었다는 것을 알 수 있었습니다. 즉, '글을 읽지 않으면 바보가 될지도 모른다.'는 두려움이 활자 중독의 근원이었던 것입니다.

ABC 이론

만화에서 지원은 형석이 무시했다고 화를 낸 일이 있었습니다. 이시영 실장이 상황을 중재하여 사태는 잘 마무리됐는데, 그 과정에서 소개된 ABC 이론은 주관적인 정성 조사에 유용합니다.

▶ ABC 이론이란?

심리학자 앨버트 엘리스(Albert Ellis)는 **사건이 결과를 낳는 것이 아니라 사건에 대한 믿음이 결과를 낳는다**는 사실을 발견하고, 사건(Activating event), 신념(Belief)이나 인식, 결과(Consequence)로서의 감정과 행동의 머리글자를 따서 ABC 이론이라고 이름 붙였습니다.

예를 들어, '실수해서 상사에게 혼난다'는 사건(Activating event)이 발생했다고 합시다. '실수해서 혼나는 것은 부끄러운 일'이라고 인식하고 있다면, 그 결과로 '의욕이 떨어지고 업무에 지장을 받는다'라는 감정과 행동을 일으키게 될 것입니다.

반면, '화를 내는 것은 기대하고 있다는 것'이라고 인식하고 있다면, 그 결과로 '흥분된다', '의욕이 생기고 일을 마무리하는 속도가 빨라진다'라는 감정과 행동을 일으키게 될 것입니다.

요컨대, '마음가짐'입니다. 지옥에 있어도 행복할 수 있고, 천국에 있어도 괴로울 수 있습니다. 그만큼 **신념이나 인식이 결과적인 감정이나 행동에 영향을 미친다는 것이 ABC 이론입니다**.

만화에서 지원은 '형석에게 무시당했다'고 생각했지만, 실제로는 사실과 주관이 뒤섞인 개인의 생각이었습니다. 지원의 목소리가 들리지 않았거나 보지 못했거나 뭔가 음악을 듣고 있었기 때문인지는 모르지만, 이유 여하를 막론하고 '지원의 인사에 반응하지 않은 것'은 사실입니다.

지원이 형석에 대해 어떤 신념이나 인식을 가졌는지는 모르겠지만, '이 사람은 남을 무시하는 나쁜 놈'이라고 생각하지 않는 한, 이 사건에서 '무시당해서 화가 난다'는 결과적인 감정이나 행동으로 이어지지는 않습니다.

앞에서 **우리는 평소에 '이것은 이런 것이다'라는 편견을 가지고 데이터를 관찰하며 그 편견이 데이터를 있지도 않은 무언가로 바꾸어 정확한 질문과 가설을 세우지 못하게 만든다**고 설명했습니다.

그 편견이 바로 신념이나 인식(Belief)입니다.

빠른 사고 상태에서 일어난 행동을 자신의 신념이나 인식(Belief)으로 파악하면 영원히 원인을 규명할 수 없는 경우도 있습니다. 정성 조사의 세계에서는 대상의 시각, 사고, 행동을 이해하는 노력을 '상대에게 빙의한다'고 표현하는 마케터도 있을 정도입니다.

JOB 이론

필자의 직업은 '마케팅직'인데, 이만큼 오해를 받는 직업도 없습니다. **강제로 상품이나 서비스를 사도록 보이지 않는 마법을 쓴다고 오해를 받는 경우를 종종 접하게 됩니다.**

물론 이 세상에 마법 같은 것은 존재하지 않으며, 여러분도 조종당해서 억지로 상품이나 서비스를 구매한 경험은 없으실 겁니다. (만약 있다면 즉시 소비자원에 상담해 보세요.)

사람들의 구매 욕구를 자극하고 실제로 행동을 끌어내야 비로소 사업에서 매출을 올릴 수 있습니다. 이를 위해서는 소비자의 문제나 고민을 해결해 주는 상품이나 서비스여야 합니다.

필자는 예전에는 아침 9시부터 오후 5시까지 사무실에서 점심 먹을 시간도 없이 미팅에 빠져 살다가 미팅이 끝나면 가까스로 사무실을 벗어나 걸어서 3분 거리에 있는 편의점에 들러 과자나 삼각김밥을 사서 허기진 배를 달랬습니다. 그것이 평일에는 매일 이어지다 보니 점원들과 인사를 나눌 정도로 친해졌습니다.

필자는 편의점에 과자나 삼각김밥을 사러 갔지만, 실제로는 과자나 삼각김밥을 샀던 게 아니었습니다.

왜냐하면, 어느 날 편도 7~8분 정도 떨어진 곳에 스타벅스 매장이 있는 것을 알게 된 후로는 평일에는 거의 매일 스타벅스에서 라떼를 사 먹게 됐으니까요. 물론 스타벅스 측면에 걸린 것도 아니고, 세뇌된 것도 아닙니다.

이는 제1장에서 소개했던 '맥도날드 햄버거에서 체인점 우동으로 바꾼 것'과 같은 모순된 행동입니다. 그 이유를 좀처럼 언어화할 수 없었는데, 어느 날 문득 **'실제로 구매한 것은 혼자만의 시간,**

재충전하는 시간'이라는 생각이 들었습니다.

편의점에서 스타벅스로 바꾼 이유는 혼자 있게 되는 시간이 더 길고, 사무실을 빠져나오기에 너무 멀지 않고 딱 좋았기 때문입니다. 또한, 스타벅스 매장의 분위기도 좋아서 기분전환을 할 수 있는 공간이기 때문입니다. **그렇게 생각하면, 그토록 매일 같이 매장으로 출퇴근했던 헤비 유저들이 사실은 '그 매장의 상품을 원해서 오는 것이 아니었다'라는 무서운 사실이 숨어 있다는 것을 깨닫게 됩니다.**

소비자는 물건이나 서비스를 구매하지만, 그 상품 자체를 구매하는 것이 아닙니다. 물건이나 서비스의 '가치'를 구매하는 것이지요. 즉, '구매 동기'는 바로 가치에 있습니다.
형석은 소비자 해상도를 높여 그 사실을 깨닫고, 케이크를 사는 사람들이 케이크 자체를 먹고 싶은 것이 아니라 달콤한 것을 먹으며 스트레스를 해소하는 '가치'를 사는 것이 아닐까 하는 가설을 세웠습니다.

유명한 경영학자 클레이튼 크리스텐슨은 자신의 저서 『일의 언어』에서 **"상품을 구매한다는 것은 기본적으로 어떤 일을 처리하기 위해 무언가를 '고용'하는 것"**이라고 소개했습니다. '일(Job)'은 '처리하고 싶은 일'이라는 뜻으로 사용되고 있습니다.

필자는 '혼자만의 시간을 보내며 재충전하고 싶다'라는 일을 해결하기 위해 지금까지 '고용'했던 편의점을 '해고'하고, 스타벅스를 새롭게 '고용'한 것입니다.

빠른 사고 상태에서는 **원인을 찾기보다 왜 '고용'하려고 했는지, 무엇을 '해고'했는지처럼 가치에 초점을 맞추는 편이 좋은 데이터를 만날 확률이 높아집니다.**

아마도 평일에 매일 편의점을 이용하던 시절의 필자는 데이터상으로는 훌륭한 '헤비 유저'였을지도 모르지만, 실제로는 '더 좋은 곳이 있으면 금방 갈아타는 변덕스러운 사용자'였고, 충성심은 전혀 없었다고 할 수 있습니다.

'구매 동기'를 찾아보자

'구매 동기'는 일상생활에 넘쳐납니다. 1년에 몇 번 정도이지만 골프를 치러 갑니다. 이른 아침 첫 타부터 긴장감을 높이기 위해 가볍게 목을 축이고 싶은데, 맥주는 손이 떨려 실수할 것 같고, '호로요이'는 좋아하지만, 캔 디자인이 예뻐서 남자들만 모여서 플레이할 때 민망하고, 무알코올 맥주는 맛이 아무래도 맘에 들지 않습니다.

이럴 때, 딱 기분 좋게 긴장감을 올려주는 알코올 도수 0.5%의 맥주 맛 음료 '아사히 비어리'는 필자에게 없어서는 안 될 필수품입니다. 필자는 골프장에서 아침 일찍부터 긴장감을 높이는 일을 처리하기 위해 '아사히 비어리'를 계속 고용하고 있습니다.

힘을 좀 내고 싶어 고기를 배불리 먹고 싶어도 테이블이 가족, 연인, 친구들로 가득 차 있으면 혼자 고깃집에서 고기를 먹을 용기가 생기지 않습니다. 결국 언제나 고민하다가 '음, 그냥 소고기덮밥이나 먹을까…'라고 생각하게 됩니다.

이럴 때 혼자서도 고기를 먹을 수 있는 '야키니쿠 라이크'는 필자에게 없어서는 안 될 존재입니다. 필자는 고기를 먹고 힘을 내는 일을 처리하기 위해 '야키니쿠 라이크'를 계속 고용하고 있습니다.

그런데 도쿄 티아라의 케이크는 어떤가요? 케이크가 먹고 싶어서라는 이유는 맞지만, 거기에 '가치'는 포함되어 있지 않습니다. 이시영 실장은 **'축하하는 날'이라고 표현하며 좋은 일이 생겼을 때의 보상**이라고 표현했습니다.

실제로 티아라 케이크는 냉장 시설이 보급되기 시작한 1960년에 티아라를 형상화한 화과자(현재는 먹을 수 있는 사탕 세공과 설탕)를 쇼트케이크 위에 얹어 대히트를 친 이후, 오랫동안 '소녀들이 동경하는 브랜드'로서 입지를 다져왔습니다. 그래서 '보상'이 될 수 있었습니다.

한편으로 이미 그 지위가 위협받고 있고, 더 이상 젊은 연령층에서 선택받지 못하는 '시대에 뒤쳐진 브랜드'가 됐다는 것을 지원은 깨달았습니다. 다시 말해, '구매 동기'로서 선택되는 빈도가 점점 줄어들고 있는 것입니다.

그렇지만, 동시에 '시폰 케이크는 저당·저지방이라서 보디빌더들이 구매하는 현상'을 찾아낸 것은 운이 좋았습니다. 이전에 제조부서에서 일했던 지원이 모른다는 것은 이런 현상이 최근의 트렌드일 수도 있고, 아는 사람만 아는 숨은 유행일지도 모

릅니다.

다시 말해, **가치와 가치를 구현한 상품·서비스의 관계성은 불변이 아닙니다**. 시대 변화와 함께, 가치도 소비·서비스도 변화하게 됩니다. 변화에 대응하는 브랜드는 살아남고 대응하지 못하는 브랜드는 낡은 것으로 여겨져, 점점 소비자로부터 선택받을 기회가 줄어듭니다. 그 결과, 도쿄 티아라처럼 결국 '시대에 뒤쳐진 브랜드'가 되어 사업 매각을 강요당할 수도 있습니다.

우리는 '가치'를 구매한다

JOB 이론은 매우 중요한 개념이므로 조금 더 설명하겠습니다.

소비자가 구매하는 것이 상품·서비스가 아닌 가치라면, 평소에 우리가 '경쟁자'로 생각하는 회사, 상품, 서비스도 사실은 소비자 입장에서는 전혀 다를 가능성도 있습니다.

왜냐하면 **제조사 입장에서는 유사한 상품·서비스를 경쟁자로 보지만, 소비자는 상품과 서비스에서 얻을 수 있는 가치와 유사한 모든 것을 경쟁자로 보기 때문입니다**.

예전에 에너지 드링크를 분석했을 때, '몸이 따뜻해지고 기운을 내고 싶을 때'라는 '구매 이유'를 발견한 적이 있습니다. 그래서 소비자들이 기운을 내고 싶을 때 어떤 상품과 서비스를 떠올리는지 조사해 보니, 에너지 드링크 외에 '얼큰한 라면', '뜨거운 목욕탕'이 있었습니다.

제조사 입장에서 보면 경쟁 범위가 좁지만, 소비자 입장에서 보면 경쟁 범위가 넓습니다. 소비자는 언제든 자기 일을 해결해 줄 상품과 서비스를 무수히 많은 선택지 중에서 선택할 수 있는 자유가 있습니다.

제1장에서 소개한 피터 드러커는 다음과 같이 설명합니다. 조금 긴 글이지만, 매우 핵심을 찌르는 내용입니다.

> 고객은 제품을 구매하는 것이 아니라 욕구 충족을 구매한다. 즉, 자신에게 필요한 가치를 구매하는 것이다.
>
> 제조사들은 소비자를 비합리적이라고 말하지만, 항상 원칙으로 삼아야 할 것은 비합리적인 소비자란 존재하지 않는다는 것이다. 소비자는 소비자에게 주어진 현실에 따라 합리적으로 행동한다.
>
> 10대 소녀에게 패션은 매우 합리적인 선택이다. 의식주 쪽은 부모에게 의존하기 때문이다. 그러나 그 패션이 더 이상 주말에 놀러 갈 일이 없는 젊은 주부에게는 부차적인 조건일 뿐이다.
>
> 고객이 사는 것은 제품이 아니다. 욕구의 충족이며 가치다. 반면에 제조사가 생산하는 것은 가치가 아니라 제품을 생산하고 판매하는 것에 불과하다. 따라서 제조사가 가치라고 생각하는 것이 고객에게는 별 의미 없는 경우가 적지 않다.
>
> (『매니지먼트(상)』, 다이아몬드 사, 일본어판 P. 106에서 인용)

 경영이나 마케팅을 목적으로 하는 데이터 분석에서 사실 가장 중요한 것은 '제조사의 관점이 아닌 소비자의 관점에서 문제, 질문, 가설을 세우는 것'입니다. '우리가 무엇을 팔고 싶은가?'가 아니라 '고객이 무엇을 사고 싶은가?'를 생각해야 합니다.

 이야기를 조금 거슬러 올라가겠습니다. 제1장에서 이시영 실장은 "제조사에서는 매장을 '판매장'이 아닌 '구매장'이라고 표현하는 것이 당연했다."라고 설명했습니다. 이 역시 소비자 입장에서 문제를 제기하고, 질문하고, 가설을 세우는 것과 같은 맥락입니다.

 최근에는 '틱톡(TikTok) 판매'라는 키워드로 대표되는 제조사의 입장이 반영된 표현이 많이 사용되고 있습니다. 틱톡이 "아니, '판매'가 아니라 '구매'지요."라고 수정하지 않는 것을 보면, 틱톡 입장에서 '고객'이 누구인지를 말하고 있다고 생각합니다.

이야기는 제3장으로

　이 장에서는 데이터의 어디에 주목해야 하는지를 가려내는 관찰력에 관해 설명했습니다. 그리고 소비자를 중심으로 한 정성적 조사는 꽤 어려우며, S-O-R 이론, ABC 이론, JOB 이론 등 다양한 방법을 활용하여(물론 이외에도 다른 방법이 있습니다) 빠른 사고를 해석하고 무의식적인 거짓말을 드러내지 않으면 데이터로부터 아무것도 얻을 수 없다는 사실을 배웠습니다. 지원과 형석은 각각 '질문'에 대한 '가설'을 발견했습니다. 해상도를 높이는 훈련으로 위해 "현장에 가라"고 지시했던 이시영 실장은 어떤 반응을 보일까요?

　계속해서 제3장으로 이어집니다.

제3장

'가설'을 세운다

— 연역법과 귀납법 —

다양한 사건을 관찰하고 공통점을 발견해서 결론을 이끌어내는 사고법이지.

사건에서 도출된 결론은 이전부터 회사 안에서 이야기됐던 거야.

오

그런 시절이 있었지요….

사내에서도 10대~30대 여성을 대상으로 광고를 기획했었다고 들었으니까.

인기가 있다.

사건은 변했는데 과거 결론에 아직 갇혀 있어….

꾸욱

~~젊은 사람들의 선물용으로 인기가 많다.~~

~~하굣길에 여고생들이 사갔다.~~

그게 도쿄 티아라야.

내가 발견한 것은 지금까지 사내에서 이야기하던 결론과는 다른 사건이었어요.

모순이라고도 할 수 있겠군요.

모순에서 가설이 탄생하는 거야.
지원 씨는 사실을 있는 그대로 보고 결론과 다른 모순을 발견했어.

결론	10대~30대 여성에게 인기가 있다.
사건	~~하굣길에 여고생들이 사 갔다.~~ ~~젊은 사람들의 선물용으로 인기가 많았다.~~

결론	10대~30대 여성에게 인기는 없지만, 옛날부터 사던 40대~60대 여성에게 인기가 있다.
사건	하교하는 여고생들은 몰랐다. / 주부나 할머니가 샀다. / ~~근육남이 샀다.~~

그래서!
결론을 이렇게 바꿔 봤어.

아직 '가설'에 불과하지만

이게
도쿄 티아라의
진실….

모두 당연하다고 생각하는
'귀납법'에 적용되지 않는 사건을
마주하면

새로운 결론을
이끌어내야만 하죠.

이게 '가설'을 만드는
방법이에요.

이렇게까지 논리적인
프레임워크가 있다니….

그리고 결론에
합치하지 않는 사건을
만났다.

근육남이 샀다

꾸욱

역설

넵!
가슴 근육이
엄청난 남자였어요!

어어 그래….
결론을 수정하죠.

제3장 '가설'을 세운다 - 연역법과 귀납법 -

"그것도 연역법적으로 표현할 수 있어."

소전제: 폭식은 스트레스 해소에 도움이 된다.

대전제: 짜증이 쌓이면 스트레스를 해소하고 싶어진다.

결론: 짜증이 쌓이면 폭식하고 싶어진다.

"결국…. 평소엔 고기나 생선을 먹지만 짜증이 쌓이면 폭식을…?"

"아. 알 것 같아…!"

"양쪽 다 맞네요. 대전제인 '짜증이 쌓이면'이 핵심이네."

"그렇지 인간은 다면적이라서 스위치가 전환되는 전제가 있어."

"다들 경험 있지?"

폭식할 수 있는 수단을 '원하는' 사람이 좀 더 있을 거 같네.

좋았어! 형석씨는 이 가설을 바탕으로 상품 기획을 시작하세요.

예!

— 3주 후….

사장실

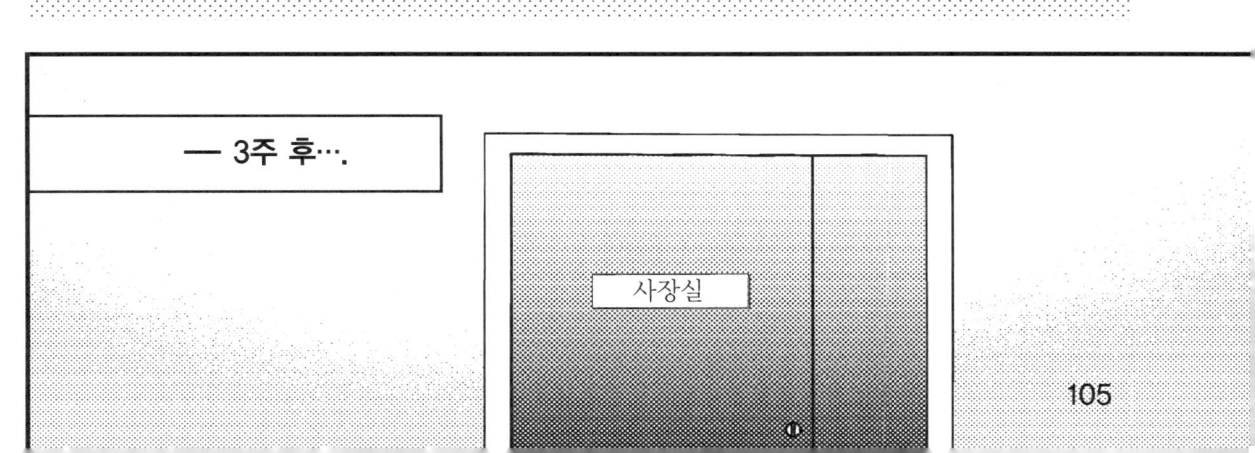

자!
이제부터가 중요한 거야. 형석 씨의 힘이 필요해!

…예!

제3장 '가설'을 세운다 — 연역법과 귀납법

해상도가 높아지면 어떻게 되는가?

　질문과 가설을 발견하고, 제2장 마지막에 "아침 일찍 실장님께 보고하자!"라고 용기를 낸 지원과 형석.

　제3장은 이시영 실장으로부터 나쁘지 않다고 합격점을 받은 '프로틴 함유 시폰 케이크'와 '생크림을 300% 늘린 폭식 티아라', 이 두 제품이 '팔릴지도 모른다'라는 가설에 대한 설명으로 시작합니다.
　이 가설은 도중에 반대에 부딪혀 '프로틴 함유 시폰 케이크'만 생산하게 되는데, 같은 제품이 경쟁사에서 출시되는 사건이 발생합니다…. 과연 단순한 우연일까요? 아니면 내부에서 정보가 유출된 것일까요? 이야기는 후반부에 이어집니다.
　그럼, 이 책을 읽고 있는 여러분도 지원과 형석에게 일어난 일을 다시 느껴볼 수 있도록 하나하나 경험과 지식을 친절하게 설명해 드리겠습니다.
　제3장의 주제는 '해상도'와 '질문 및 가설'이었습니다. **이 책은 수식을 사용하지 않고 데이터 분석의 본질을 만화로 배울 수 있는 구성**되어 있다고 설명했는데, 그 본질 중 '해상도'와 '질문 및 가설'은 중요한 요소 중 하나입니다.
　제1장과 제2장에서 '해상도'는 질문의 품질을 높일 뿐만 아니라 사실을 있는 그대로 보는 데 필요한 요소라고 설명했습니다. 지원과 형석은 우연과 직관에 의해 **'해상도'가 높아진 덕분에 '이렇게 하면 팔릴지도 모른다'는 상품의 가설에 도달했습니다**.

　필자는 평소 '해상도'가 낮은 상태에서는 비즈니스를 수행할 수 없다고 생각했습니다. 예를 들어, 주사위 게임에 비유해 보겠습니다. 해상도가 높으면 굴리는 주사위가 정20면체로 바뀌며, 말 하나당 1에서 20까지 나아갈 수 있는 기회가 있습니다. 반대로 해상도가 낮으면 주사위는 정사면체로 바뀌고, 모든 면에 1만 적혀 있게 됩니다.
　여기에 '경험'과 '지식'이 더해지면 정20면체 주사위를 많이 준비하는 것과 같습니다. 30개 정도 주사위를 한 번에 굴려서 일단 병렬로 말을 움직이다가 진행이 잘 안 되는 말은 점점 줄여나갑니다. 그렇게 진행이 잘 되는 말만 계속 남기면 최종적으로 최단 거리로 목표에 도달할 수 있게 됩니다.

해상도가 낮으면 진행 속도가 느리고, 해상도가 높으면 진행 속도가 빠릅니다. 즉, 해상도의 차이가 시책을 시작한 후 성과가 나오기까지의 속도를 좌우합니다.

데이터 분석도 마찬가지입니다. 데이터 분석에 어려움을 겪는 것은 문제가 어려워서가 아니라 문제의 해상도가 낮기 때문입니다. 그래서 우선 문제의 해상도를 점점 높여 '질문'과 '가설'을 다듬어야만 합니다. 그런데, 왠지 이 과정을 소홀히 한 채 무작정 숫자의 바다에 뛰어들거나 프로그래밍을 시작하는 사람들이 많은 것 같습니다.

그럼, 해상도가 높아지면 어떻게 될까요? 제1장에서 해상도가 높은 상태를 '전체를 조망하고 사건의 세부를 묘사할 수 있다', '매크로를 파악한 후 미크로를 이해할 수 있다'라고 표현했습니다. 즉, 해상도가 높아지면 눈앞에서 일어나는 현상(구체)과 그 배경 및 공통점(추상)도 파악할 수 있게 된다고 할 수 있습니다.

필자는 해상도가 높은 상태를 '메가 트렌드부터 개인의 취향까지 이해할 수 있는 눈과 귀를 갖춘 상태'라고 표현하기도 합니다.

예를 들어, 수십 년 전부터 캔맥주를 냉동실에 차갑게 얼려서 영하의 목 넘김을 즐기는 사람들이 있었습니다. 이른바 '개인의 취향'입니다. 맥주는 2도 아래로 내려가면 풍미가 떨어지고 무엇보다 캔 자체가 터질 수 있어 위험하지만, 부분적으로 꾸준한 인기가 있었습니다. 이에 맥주 회사들은 '영하로 즐기는 맥주'를 개발했고 여름철에 꾸준한 인기와 매출을 자랑하게 됐습니다.

찌는 듯이 무더운 여름에는 시원한 음료로 몸을 깨우고 싶다는 메가 트렌드. 사실은 위험하지만 얼음처럼 차가운 맥주로 몸을 깨우고 싶다는 개인의 취향.

이를 교차시켜 "여름에 마시고 싶은 맥주는?"이라는 질문에서 "영하의 온도로 맛볼 수 있는 맥주"라는 가설을 만들어낼 수 있는 것은 해상도가 높기 때문입니다.

이처럼 해상도가 높아지면 단숨에 정답에 가까운 '질문'과 '가설'에 도달할 수 있습니다. "문득 생각났다!", "번쩍 떠올랐다", "신의 계시를 받았다!" 이런 말들은 사실 해상도가 높아져서 알게 된 것이라고 할 수 있습니다.

귀납법이란?

제2장에서 지원은 우연히 여고생들과 인터뷰할 기회가 생겼습니다. 인터뷰 결과 '우리 엄마가 좋아하는 것', '브랜드를 모른다', '몸에 안 좋을 것 같다'는 말을 듣고, 실제로는 티아라 케이크가 10대에게 그다지 인기가 없을지도 모른다고 생각하게 됩니다.

또한 프롤로그에서도 가볍게 언급했던 '과일을 계속 찔러대는 화제 영상'의 댓글 창을 확인하면 '그립다! "옛날에 자주 먹었어요!"' 등의 간과하고 있던 댓글들을 발견할 수 있습니다. 즉, 티아라 케이크는 요즘 젊은 사람들에게는 '옛날 음식'이고, '유행에 뒤쳐진 것'입니다.

이시영 실장은 지원의 생각을 귀납법을 이용해서 설명했습니다. 귀납법적 사고는 데이터 분석에서 필수적이므로 다시 한번 설명하겠습니다.

귀납법이란 **다양한 '사건'을 관찰하여 공통점을 발견하고 '결론'에 도달하는 사고법**입니다. 아주 간단히 말하자면 **'공통점 찾기 게임'**이라고 할 수 있습니다. '경험의 일반화', '현장으로부터의 보텀업'이라고 평하기도 합니다.

이시영 실장은 "가게 앞에 하교하는 여고생들이 줄을 섰고, 젊은 여성들에게 선물로 인기가 많았다"고 회상했습니다. 그리고 이 두 사건의 '공통점'으로서 '10~30대 여성에게 인기가 있다.'고 정리했습니다. 이 그림에서 '결론'이란 '요컨대', '즉' 등으로 '정리한다'라는 의미가 포함됩니다.

참고로 그림의 이 장면은 제1장에서 소개한 맥도날드와 체인점 우동의 공통점에서 설명한 '구체와 추상'과 같습니다. 이시영 실장은 해상도를 높이기 위해 '구체와 추상을 파악할 것'을 지적했는데, 이 장면에서 사건=구체, 결론=추상으로 대체할 수 있습니다.

이시영 실장은 귀납법의 좋은 점을 "**한 번 결론을 찾아내면 아직 경험하지 않은 사건에 대해서도 '아마도 결론과 같은 사건일 것이다'라고 추측할 수 있는 점**"이라고 표현했습니다. 즉, 만난 적이 없는 모든 10~30대 여성(과거, 현재, 미래 모든 10~30대 여성)을 포함하여 '10~30대 여성에게 인기가 있다'라고 정의할 수 있다는 점입니다.

옛날 호황기에 현장에 나가서 여대생들에게 "좋아하는 케이크는?"이라고 물어보면 "티아라 케이크요."라는 대답이 돌아왔고, 여성 잡지에서 과자 특집이 편성되면 반드시 티아라 케이크가 들어갔습니다. 다양한 사건을 관찰해도 결론이 변하지 않고 '10~30대 여성에게 인기가 있다'라고 할 수 있다면, '더 이상 사건을 조사할 필요가 없다'라고 판단할 수 있습니다. **'경험의 일반화', '현장으로부터의 보텀업'**이라는 평가를 받는 것도 귀납법은 사건(경험·현장)에서 출발하기 때문입니다.

그렇게 되면 조사에 드는 비용도 절감할 수 있습니다. "굳이 조사하지 않아도 공통된 인식을 한다."라고 말할 수 있습니다.

즉 귀납법이란 구체→추상으로 승화시키는 사고법이며, 부분→전체로 지식을 확장하는 사고법이기도 합니다.

귀납법의 약점

귀납법은 두 가지 약점을 안고 있습니다.

첫 번째 약점은 모든 사건을 관찰한 것은 아니므로 '예외에 취약'하다는 점입니다. 예를 들어 "흰색 백조를 봤다."라는 증언을 몇 명 모아서 "백조는 모두 하얗다."라고 결론지어도 실제로는 흑조(블랙스완)로 불리는 검은 색 백조가 존재합니다.

▶ 예외에 의한 모순

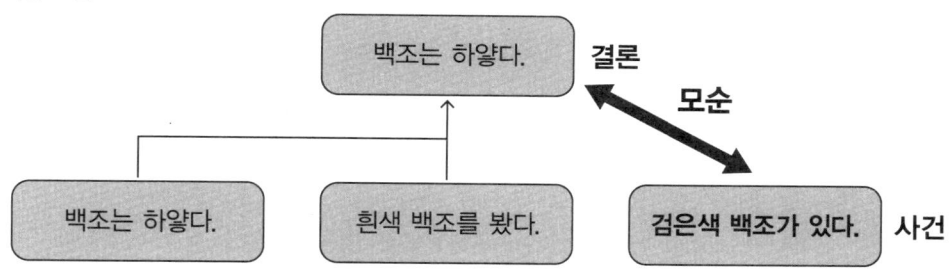

관찰한 사건 수가 적을수록 이런 상황이 발생하기 쉽습니다. <u>어디까지나 논리적으로 생각해서 "그럴 것 같다"는 결론을 내린 것일 뿐, 100% 옳다는 것을 보장하는 것은 아닙니다. 추상적인 개념으로 '백조는 모두 하얗다'라고 말한 것에 불과</u>합니다.

즉, 귀납법의 결론은 추상이며 실체는 없습니다. '10대~30대 여성에게 인기가 있다'라는 말도 그 자체를 가리키는 사건이 있는 것이 아니라, 실제로는 개별적이고 구체적인 사건을 가리킵니다. 즉, '실체가 없는 것'을 '있다'라고 말하는 것입니다.

두 번째는 <u>시대 변화와 함께 사건에도 변화가 찾아왔음에도 불구하고 더 이상 사건을 조사하지 않아도 된다고 판단해 버린 탓에 알아차리지 못하는 것입니다. 다시 말해 변화에 약하다는 약점</u>입니다. 도쿄 티아라가 빠진 현상이 바로 이것입니다. 필자는 이를 <u>'사건(구체)과 결론(추상)의 분열'</u>이라고 표현합니다.

예를 들어, 비즈니스 현장에서 "우리 고객은 ◎◎이기 때문에 □□는 절대 하지 않아."라는 말을 자주 듣습니다. 디지털에 약해서 온라인 상담은 유행하지 않는다, 고객에게 미소를 보여줘야 해서 감기에 걸려도 마스크를 쓰면 안 된다…. 물론 그런 '결론'에 도달하기까지 여러 가지 사건들이 있었을 것입니다.

하지만 코로나 사태라는 100년에 한 번 있을까 말까 하는 재앙으로 상황이 크게 바뀌었지요. 이제 화상회의 프로그램인 줌(Zoom) 사용법을 사업가들은 대부분 알고 있고, 백화점처럼 미소를 중요시하는 곳에서도 직원들의 마스크 착용은 필수가 됐습니다.

이러한 사건(구체) 변화를 인식하지 못한 채 결론(추상)을 바꾸지 않고 "우리 고객은 ◎◎이니까 □□은 절대 하지 않아"라고 계속 말하는 문제를 귀납법은 안고 있습니다. 한번 정해진 결론은 누군가가 '틀렸다'라고 지적하지 않는 한 바뀌지 않습니다.

▶ 새로운 사건의 모순

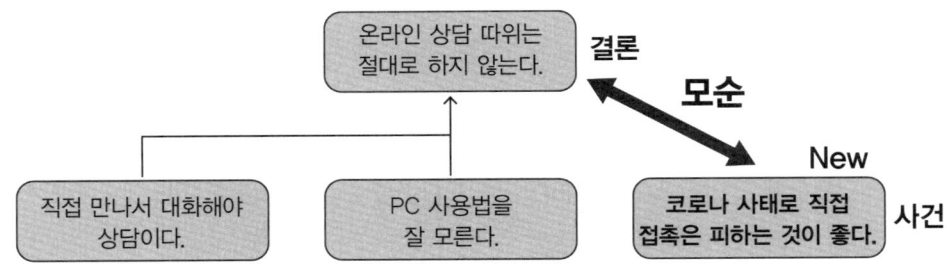

지원은 현장에 나가면서 해상도가 높아지자, 지금까지 사내에서 말하던 결론과는 다른 사건에 직면할 수 있었습니다. 다시 말해, 사건의 변화를 깨달은 것입니다.

"도쿄 티아라는 사건이 변했는데도 여전히 과거의 결론에 갇혀 있는 상태"라고 이시영 실장은 지적했습니다. **실제로는 사건(구체)과 결론(추상)이 분열된 기업이 많이 있지 않을까요?** 결론(추상)만을 주제처럼 내세우고, 시시각각 변화하는 사건(구체)에 주목하지 않는 기업이 도쿄 티아라뿐만은 아닐 것입니다.

귀납법을 이용한 '질문과 가설'

예외적인 사건이나 새로운 사건에 취약한 것은 귀납법의 약점이지만, 데이터 분석에는 유효하게 작용합니다. **귀납법의 약점을 역으로 활용하여 '질문'을 던지고 '가설'을 세울 수 있는 것입니다.**

실제로 지원은 '도쿄 티아라가 시대에 뒤쳐졌다'라고 결론을 내린 직후, 매장에서 나오는 근육남을 발견하고 그들이 시폰 케이크를 구입하는 사건을 포착했습니다.

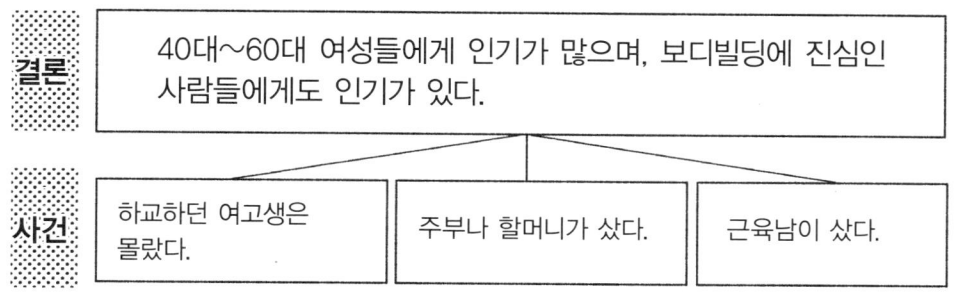

이시영 실장은 "10대에서 30대 여성들 사이에서는 인기가 없지만 예전부터 사준 40대에서 60대 여성들 사이에서는 인기가 있다."라고 결론을 수정했습니다. 하지만, 지원이 본 것은 몸이 건장한 남자였습니다. 더 나아가 제2장 시작 부분에 지원과 형석이 가게에서 쫓겨났을 때 가게 안에 있던 사람도 건장한 남자였습니다. 페이지를 되돌아가 확인해 보세요.

여성에게 인기 있다고 해서 남성이 절대로 구매하지 않는 것은 아닙니다. 하지만 마주친 남자들이 모두 근육남인 것에는 뭔가 이유가 있을 것 같습니다.

지원은 **사건과 결론의 '모순'에 주목하고 "왜?"라는 질문을 던졌습니다.**

먼저 "무엇을 샀을까? 티아라 케이크일까?"라는 질문과 가설을 세우고, 실제로 무엇을 구입했는지 계산대 직원에게 확인했습니다. 그리고 건장한 남자가 시폰 케이크를 구매했고, 구매 빈도가 높다는 것을 알게 됐습니다.

이어서 "왜 샀을까? 몸에 좋은 성분이 들어있었을까?"라는 질문과 가설을 세우고 계산대 직원에게 그 이유를 확인했습니다. 그리고 보디빌딩을 하는 사람들 사이에서 시폰 케이크가 인기가 많다는 것을 알게 됐습니다. 웹 기사를 알려준 것도 계산대 직원이었습니다.

그래서 지원은 시폰 케이크가 가장 잘 팔리는 매장을 직접 방문하기 위해 호영에게 전화를 걸었습니다.

만화에서는 묘사되지 않은 작은 비하인드 스토리였습니다.

데이터 분석에서 '문제'를 발견하고 '질문'을 던지는 것을 어려워하는 사람이 적지 않습니다. 필자도 처음에는 가설을 찾을 수 없는 질문을 던지거나 문제 해결로 이어지지 않는 질문을 던지는 등 고전했습니다. 실제로 '질문'과 '가설'을 계속 가다듬으면서 서서히 문제 해결에 다가가야 하는

데, 첫 단추를 끼우는 데 고민이 많았습니다.

그러던 중 주목한 것이 **귀납법에서 보이는 '모순'입니다. 데이터 분석을 의뢰하는 현장에서는** 대체로 '사건(구체)과 결론(추상)의 분열'이 발생하여 문제를 해결하지 못해 고민하는 경우가 대부분이었습니다.

그래서 필자는 지원이나 형석처럼 현장에 나가거나 다양한 수치를 보면서, 우선 '모순'을 찾으려고 했습니다. 모순이야말로 결론(추상)을 수정할 수 있는 힌트가 되기 때문입니다.

결론(추상)에 맞지 않는 사건(구체)을 발견하면 반드시 "왜?"라는 질문을 던지고, 무슨 일이 일어나고 있는지 세부적인 부분까지 파악했습니다. 왜냐하면 **'모순'이 발생했다고 하면 틀린 것은 결론(추상)이기 때문입니다.**
사건(구체)이 사실인 한, 실체가 없는 결론(추상)은 반드시 무언가 잘못된 것입니다.
귀납법을 잘 사용하려면 여러 번 훈련이 필요합니다. 하지만 익숙해지면 데이터 분석이 한결 수월해질 것입니다.

연역법이란?

제2장에서 형석은 편의점을 방문한 사람들을 관찰하다가 '삼각김밥을 사는 사람이 적다', '단백질을 섭취하는 사람이 많다'는 사실을 발견했습니다. 2010년대부터 급속도로 확산한 탄수화물 다이어트의 영향도 있을 것입니다. 실제로 필자는 도심에 위치한 한 음식점에서 탄수화물 계열 매출이 장기적으로 하락하는 원인을 분석해 달라는 의뢰를 받은 적이 있습니다.

그렇다고 모두 다 탄수화물을 끊었냐 하면 그렇지는 않습니다. 스트레스 때문에 폭식하게 된다고 큰소리치던 여성을 만난 것처럼 TV에서는 디저트 특집이 나오지 않는 날은 없다고 해도 과언이 아닐 지경입니다. 형석은 보편적인 정답에 반하는 인간의 모순을 알아채고, '케이크를 먹고 싶은 이유'가 '스트레스를 풀고 싶어서'라는 것을 깨닫게 됩니다.

이런 형석의 생각을 이시영 실장은 연역법으로 설명했습니다. 연역법도 데이터 분석에서 빼놓을 수 없는 사고법이므로 다시 한번 설명하겠습니다.

연역법이란 **보편적이고 불변하는 '대전제'를 분석하여 논리적 연결고리를 추론하여 '결론'을 도출하는 사고법**입니다. 아주 간단히 말하면 '삼단논법'이며, 전제를 해석한다고 평가되기도 합니다.

이시영 실장은 보편적이고 불변하는 '대전제'로서 '단백질은 멋진 몸매와 근육을 만들기 때문에 끼니마다 섭취해야 한다'라고 설정했습니다. 그리고 소전제(구체적 사실)가 '고기나 생선은 단백질이 많다'라면 "고기나 생선은 멋진 몸매와 근육을 만들기 때문에 끼니마다 섭취해야 한다."라고 말할 수 있습니다. <u>이 그림에서 '결론'은 귀납법과 마찬가지로 '요컨대', '즉' 등 '정리한다'와 같은 의미가 포함됩니다.</u>

연역법의 장점은 추상도가 높은 전제를 지금 일어나고 있는 사건에 적용하여 결론을 도출할 수 있는 점입니다. 예를 들어, 삼각형의 면적은 '밑변×높이÷2'로 구할 수 있습니다. 이 정의가 가장 보편적이고 불변하는 '대전제'이고, 나머지는 밑변 10cm에 높이 3cm이든, 밑변 1m에 높이 4m이든 삼각형의 면적을 정확하게 구할 수 있습니다.

그 밖에도 법률도 연역법적 사고라고 할 수 있습니다. 예를 들어 일본 형법 222조에는 생명, 신체, 자유, 명예 또는 재산에 대한 해악을 고지하고 사람을 협박한 자를 처벌하는 협박죄에 대한 규정이 있습니다. 이 '대전제'에 대하여 'SNS로 사람을 협박했다'는 구체적인 사실을 가지고 이 행위가 협박죄에 해당하는지 결론을 내립니다.

수학, 물리학뿐만 아니라 생물학, 법학 등 대부분의 학문은 '대전제'를 바탕으로 연구를 진행하고 또 다른 새로운 '대전제'를 만듭니다. 이처럼 <mark>연역법은 보편적인 대전제(법칙, 룰, 규칙, 관습)를 분석하여 사건에 적용한다는 의미에서 전제를 해석한다고 평가할 수 있습니다.</mark>

참고로 귀납법과 연역법은 '반대의 관계성'이 있습니다. <mark>구체에서 추상을 도출하는 것이 귀납법, 추상에서 구체를 도출하는 것이 연역법입니다.</mark> 한쪽이 더 중요하고, 더 필요한 것이 아니라 데이터 분석에서는 구상과 추상을 오가게 되므로 둘 다 중요합니다.

연역법의 약점

연역법에는 두 가지 약점이 있습니다.

첫 번째 약점은 <mark>대전제가 틀렸어도 논리적으로 결론을 도출할 수 있다</mark>는 것입니다. 즉, 연역법적으로는 맞지만, 논리적으로 생각하면 잘못된 결론을 도출해 버리는 것입니다.

예를 들어, 아이를 공동으로 육아하고 싶은 부부 A(여성)와 B(남성)가 있다고 하겠습니다. 이때 대전제가 "육아는 여성의 일이며, 남성은 밖에서 돈을 벌어야 한다."라면, 결론은 A만 육아를 담당해야 한다가 될 것입니다.

▶ 대전제의 모순

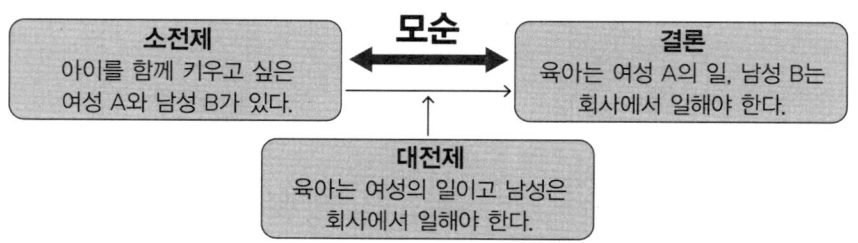

보편적인 대전제라고 해도 실제로는 '누가 관측해도 결론이 달라질 수 없는 세계의 이치' 수준에서부터 '특정 지역에 한정된 지역 룰'까지 다양합니다.

'육아는 여성의 일이고 남성은 회사에서 일해야 한다'는 대전제 역시 도시에서는 "요즘 세상에?"라는 생각이 들 수도 있지만, 시골에서는 "당연한 거 아니냐."라고 납득할지도 모릅니다.

귀납법의 '변화에 취약하다'와 통하는 측면이 있는데, **예를 들어 사회 정세나 국민 여론을 반영해 법률이 바뀌는 것처럼 대전제가 반드시 영원불변한 것은 아닙니다.**

변화의 경계에 있을 때일수록 대전제를 의심해야 하는데, 비판 없이 받아들여 연역법으로 답을 도출하려고 하면 잘못된 결론에 도달합니다.

앞서 **'추상에 실체는 없다'라고 했는데, '없는' 것에 휘둘려서 그것을 받아들이지 않는 사람들을 비난하는 것은 우스꽝스러운 일**이라고 생각합니다.

두 번째 약점은 대전제를 보편적인 표현으로 만들면 만들수록 적용되지 않는 '예외'도 늘어난다는 것입니다. 귀납법의 '예외에 약하다'와 거의 같은데, 추상도를 높이려고 할수록 구체와의 모순이 많아집니다. 예를 들어, 형석의 경험을 들은 이시영 실장은 "짜증이 쌓이면 스트레스를 해소하고 싶어진다."고 표현했습니다. 하지만 실제로는 짜증이 나더라도 스트레스를 잘 이겨내는 사람도 있을 수 있습니다.

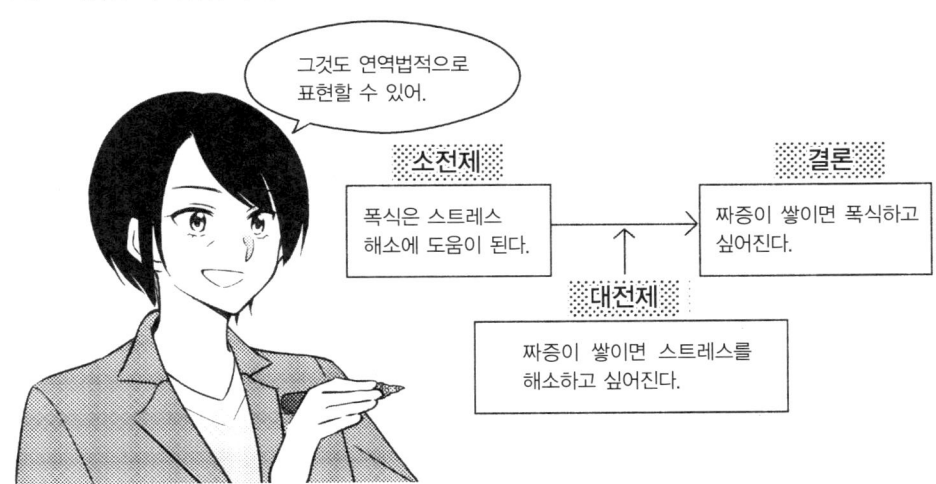

그 외에도 술 마신 후에 반드시 해장하는 A가 있다고 가정할 때, 대전제가 '술 마신 후에 먹는 해장라면이 맛있다'인데 결론이 'A는 술 마신 후에 해장으로 파르페를 먹는다'라면 마찬가지로 모순됩니다.

▶ 예외의 모순

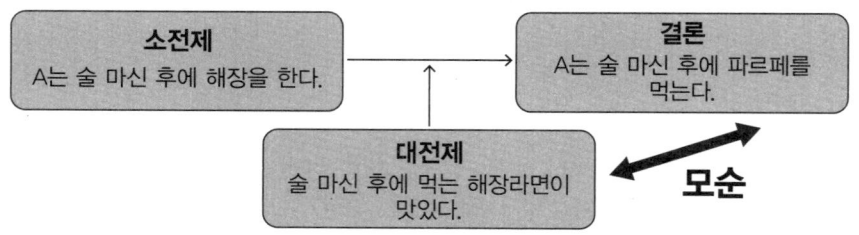

    표현하기 나름이지만, 적어도 "그건 대상이 너무 넓지 않나요?"라고 반박당할 수 있는 '대전제'는 연역법에는 적합하지 않다고 할 수 있습니다.

    여담이지만, 호영은 연역법을 보고 "우와~! 정론이다~!"라고 외쳤습니다. 이시영 실장은 전제란 보편적인 내용이라서 '바른말'이 되기 십상이라고 설명했지만, 실제로는 **예외를 제외한 대다수가 '맞다고 생각하는 것'**에 불과한 것일지도 모릅니다.

    이 세상에서 대부분의 비난은 연역법의 대전제를 근거로 '틀렸다'라고 결론짓고 있다고 생각합니다. 하지만 앞에서 언급한 두 가지 약점에서 알 수 있듯이 대전제 자체가 변하거나 잘못된 경우도 있습니다.

    애초에 **대다수가 '맞다'라고 생각하는 대전제 자체가 귀납법적으로 사건으로부터 도출된 결론인 경우가 많습니다.** 따라서 대다수가 '맞다'고 한다고 해서 그것이 반드시 맞다고는 할 수 없습니다.

    이는 '데이터 분석' 현장에서도 마찬가지입니다. 현장에 문의했을 때 "이유는 모르겠지만, 이건 이렇게 정해져 있어요."라는 답변이 돌아오면, 우선 대전제를 의심해 봐야 합니다. 필자는 이를 **'대전제의 폭주'**라고 표현합니다.

    마치 추리극을 보는 것 같지만, 데이터 분석 업무는 추리소설 속 탐정처럼 '수수께끼'를 푸는 일이라고 생각합니다. '답'을 찾는 수단은 통계학, 머신러닝뿐만 아니라 이런 논리도 생각해 볼 수 있습니다.

연역법을 이용한 '질문과 가설'

    다만, 대전제 자체가 오류에 취약하고 예외에 취약한 점은 연역법의 약점이지만, 데이터 분석에는 효과적으로 작용합니다. **귀납법과 마찬가지로 연역법의 약점을 역으로 활용하여 '질문'을 던지**

고 '가설'을 세울 수 있는 것입니다.

　실제로 형석은 "고기와 생선은 날씬한 몸매와 근육을 만들기 때문에 끼니마다 섭취해야 하는"데도 과자를 폭식하는 여학생들을 만났습니다.

　귀납법과 마찬가지로 연역법으로 생각해서 적용되지 않는 사건을 만났고, 그 모순으로부터 가설을 만드는 데 성공했습니다. 지원에게 "몸에 안 좋을 것 같다."라고 말한 여고생도 이전에 한 번은 디저트 뷔페 같은 곳에서 아무것도 먹지 못할 정도로 단 케이크를 먹어봤을 것입니다. 그 또한 '몸에 나쁜' 행위임에 틀림이 없습니다.

　그래서 이시영 실장은 대전제로 "짜증이 쌓이면 스트레스를 풀고 싶어진다."라고 표현했습니다. 인간은 다면적인 존재로 스위치가 전환되는 순간이 있습니다. 호영이 "짜증이 쌓이면"이 핵심인 것을 깨달았듯이, 평소 절제 모드인 사람도 짜증이 쌓이면 스트레스를 발산하고 싶어져 폭식 모드가 될 수 있습니다. 모든 사람은 이처럼 모순을 안고 살아갑니다. 형석은 그 모순으로부터 '생크림 300% 증량 폭식 티아라'라는 가설을 도출했습니다.

귀납법도 연역법도 사건(구체)과 대조하여 모순을 발견하고 거기서 '질문'을 찾아내는 것이 특징입니다. **'모순이 있다'라는 말은 데이터 분석 세계에서 보물을 발견할 수 있는 마법의 주문이라고 해도 과언이 아닙니다.**

참고로 모순이 발견되는 이유는 해상도가 높기 때문입니다. 해상도가 높은 상태를 '전체를 조망하고 사건의 세부를 묘사할 수 있다', '대(매크로)를 파악한 후 소(미크로)를 이해할 수 있다'라고 표현했는데, **전체나 대(매크로)는 '모순이 없는 구체와 추상'이고, 세부나 소(미크로)는 '추상에 모순되는 구체 1건'**입니다. 그 구체적인 사건이 모순됨을 알아차릴 수 있는 것은 전체와 비교하기 때문이며, 확실히 해상도가 높아져야 데이터 분석이 쉽게 진행됩니다.

해상도가 높아지면 위화감을 느끼거나 모순을 느끼게 되고 틀린 그림을 찾는 듯한 감각에 빠집니다. 그리고 원인을 발견하면 "왜?"라는 의문을 품게 되고, 동시에 "~이니까"라는 임시 답을 찾게 됩니다.

제1장에서 '문제', '질문', '가설'이 차례대로 발견되는 것처럼 설명했지만, **실제로 비즈니스 현장에서 귀납법이나 연역법을 사용해 풀어나가다 보면 '질문'과 '가설'은 거의 동시에 발견됩니다.** 오히려 '가설'을 검토하다가 다시 한번 '문제'로 돌아가서 진짜 문제가 무엇인지 생각하게 됩니다. 이렇게 **나아갔다가 돌아오기를 반복하다 보면 마침내 정제된 '문제'를 발견할 수 있습니다.**

▶ 문제, 질문, 가설을 반복한다

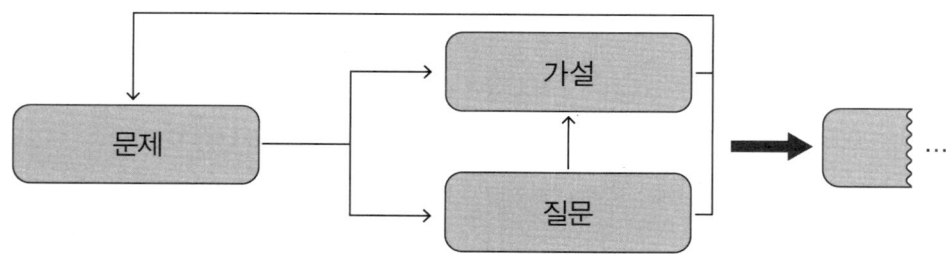

필자가 데이터 분석에서 가장 많은 시간을 들이는 부분은 이 '문제', '질문', '가설'을 반복하는 작업입니다. 특히, 자세히 알지 못하는 업계나 너무 전문적이어서 잘 모르는 분야의 경우, 되도록 빨리 이 과정을 반복하면서 해상도를 높이려고 합니다.

데이터 분석은 애자일하게

대기업에 근무하는 분들에게 "프로세스를 반복한다."고 설명하면, '프로세스가 나뉘어 있는 것은 그 프로세스로 완벽하게 끝내기 위해서'라고 강조하며 **이전 프로세스로 돌아가는 데 강한 거부감을 보이는 경우가 많습니다**. 마치 이전 프로세스로 되돌아가는 것은 일을 못 해서라고 여기는 듯합니다.

이는 완전히 오해입니다. 필자는 **'데이터 분석'에서는 정해진 프로세스를 여러 번 반복하여 최종적으로 결론에 도달하는 '애자일'**이 이상적이라고 생각합니다.

'애자일(Agile)'이라는 용어 자체는 이제 널리 알려져서, 비즈니스 서적에도 자주 등장하고 있습니다. 민첩하다, 기민하다는 의미로 소개되기도 하고 벤처의 대명사로 소개되기도 하는 등 설명하는 내용은 제각각이지만요. 필자는 '일하는 방법론'으로 인식하고 있습니다.

애자일에서 특히 애착이 가는 것은 '스크럼'이라는 개념입니다. '스크럼'의 기원은 1986년 《하버드 비즈니스 리뷰》에 발표된 논문 '*The New New Product Development Game*(*새로운 신제품 개발 게임*)'에 있습니다. 이 논문은 후지 제록스, 혼다, 캐논 등 다양한 제조업 사례를 바탕으로 신제품 개발 프로젝트 진행에 관한 새로운 가이드라인을 제시했습니다.

조금 더 자세히 설명해 보겠습니다. 논문은 서두에서 신제품 개발 규칙으로 ① 고품질, ② 저비용, ③ 차별화뿐만 아니라 ④ 속도, ⑤ 유연성도 필요하다고 주장하며, **"기존의 이어달리기식 접근은 속도와 유연성이라는 목표와 상반될 수 있다.", "팀이 하나가 되어 공을 주고받으며 거리를 좁혀 가는 럭비식 접근이 오늘날 경쟁 요건에 적합할 수 있다.**"라고 했습니다.

이어달리기식 접근은 마케팅 담당자가 고객의 니즈를 조사하여 제품 콘셉트를 개발하고 R&D 엔지니어가 이를 적절히 설계한 다음, 생산 엔지니어가 이를 구체화하는 등 한 그룹이 다음 그룹으로 바통을 넘기는 이어달리기식으로 진행하는 것을 말합니다.

럭비식 접근은 조사 결과가 모두 나올 때까지 기다리지 않고 일부만 보고 설계에 착수하거나,

개발 도중에 고객으로부터 받은 피드백을 바탕으로 재검토하여 다시 설계를 진행하거나 각 부서에서 선발된 구성원들이 한마음이 되어 공을 주고받는 듯한 진행 방식입니다.

논문에서는 이어달리기식 접근과 럭비식 접근의 차이를 다음 그림과 같이 설명했습니다.

▶ 시퀀셜(A)과 오버랩(B와 C)의 개발 단계

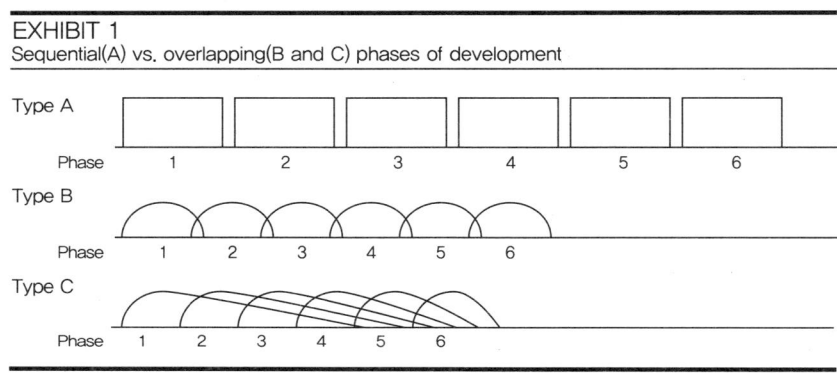

A는 이어달리기식 접근입니다. B와 C는 럭비식 접근입니다. B는 인접한 단계의 경계에서만 중복이 발생하고, C는 여러 단계에 걸쳐 중복이 발생합니다.

이어달리기식 접근은 어느 회사에서나 흔히 볼 수 있는 '각 부서가 프로세스를 담당하며 결과물을 넘겨주는' 방식입니다. 이는 이전 프로세스로 되돌아가서 내용을 수정할 수 없으며, 사실상 이전 프로세스의 내용을 보지 못한다는 측면에서 '워터폴 방식'이라고도 할 수 있습니다.

데이터 분석에서도 '데이터 수집 엔지니어', 분석을 맡은 '데이터 과학자', '결과를 보고하는 세일즈'가 엄격하게 역할이 구분되어 있어, 각각 불가침 조약이라도 맺은 것처럼 교류하지 않는 직장이 있습니다. 저도 몇 차례 경험한 적이 있습니다. 이전 프로세스로 돌아가는 것에 강한 거부감을 보인 사람도 이렇게 엄격하게 나뉜 역할 중 한 가지 역할만을 맡고 있었습니다.

다음 프로세스에 완벽한 결과물을 넘기려다 보니, 체크 포인트가 방대해지는 문제가 논문에서도 지적되어 있습니다. 리스크를 통제할 수는 있지만, 한 번이라도 병목이 일어나면 다음 단계로 진행할 수 없어 속도가 나지 않습니다.

럭비식 접근은 '팀이 하나로 뭉쳐 럭비공을 주고받듯이 전진하는' 방식입니다. 즉, 부서로 프로세스를 구분하지 않고, **교차 기능팀이 서로 협력하여 고객에게 보여줄 수 있는 제품을 한꺼번에 만들어내고(속도), 시행착오를 거듭하며 수정해 나가는 프로세스(유연성)**를 의미합니다.

다시 말해, 데이터를 수집하고 분석도 하고 결과도 보고하는 1인 3역이나 2인 3역으로 움직이는 팀을 구성하는 것을 의미합니다.

이어달리기식 접근과 럭비식 접근의 가장 큰 차이는 **속도와 유연성을 추구하여 일단 만들어 보는 점**입니다. 이어달리기식 접근은 마지막에 동작하는 제품이 완성되지만, 럭비식 접근은 먼저 동작시키고 시행착오를 거치면서 서서히 성장시키는 것입니다. 이 과정을 그림으로 나타내면 이런 느낌입니다.

▶ 릴레이와 럭비의 차이

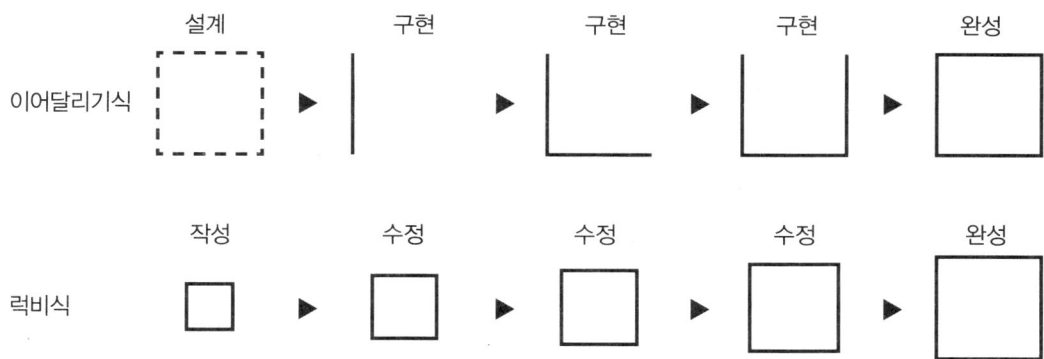

'일단 만들어 본다'는 것은 최상의 '문제', '질문', '가설'을 찾지 못하더라도 조금씩 해상도를 높이면서 '질문', '가설'을 찾고 '문제'의 정확도를 높여가는 행위 그 자체입니다. 그림처럼 조금씩 사각형이 커지듯이 한발한발 본질에 다가갑니다.

참고로, 이어달리기식 접근으로 세운 계획이 예정대로 진행되는 경우는 거의 없습니다. 현장에서는 항상 뭔가 돌발 상황이 발생하기 때문입니다. 게다가 구현 기간이 길어지면 길어질수록 고객이 "이제 필요 없어졌어요."라고 마음을 바꿀 확률이 높아집니다.

즉, 이어달리기식 접근에서는 일단 설계를 마치면, 구현 기간에는 "(옆에서 수정이 이루어지지 않는 한) 그 기간 동안 일어나는 어떤 변화에도 대응할 수 없게" 됩니다. 다시 말해, 즉, 일단 만들어 버린다는 것은 속도를 보장할 뿐만 아니라 변화에도 강하다는(유연성이 있다는) 의미입니다.

속도와 유연성이 중요하지 않은 데이터 분석 현장이 있을까요? '내일 중으로 대략적인 결과를 알고 싶다', '대강 어느 쪽인지 판단하고 싶다'라는 의뢰에 '분석은 정확성이 생명이니 일주일은 걸립니다'라고 대답한다면, 의뢰인의 신뢰를 금방 잃게 될 것입니다.

처음부터 완벽을 추구하지 않는다. 처음부터 최단 거리를 추구하지 않는다. 데이터 분석은 이처럼 애자일로 진행하는 것이 가장 좋습니다.

가설은 많은 편이 좋다

마지막으로 꼭 짚고 넘어가야 할 사항이 있습니다. 현장에서 자주 듣게 되는 오해가 있습니다. **데이터 분석에서 '문제와 질문 발견' 단계를 통과하려면 '가설'은 많은 편이 좋습니다.** '가설'은 임시로 답을 가정한 것을 의미하는데, 후속 과정인 '증명'을 거치기 전에 꼭 "이거다!"라고 할 수 있는 한 가지 가정으로 좁히려는 경향이 많은 것 같습니다.

하지만, 맞는지 틀렸는지 증명할 가설이 하나밖에 없다면, 가설이 틀렸을 때 '문제'부터 다시 시작해야 합니다. 어쩔 수 없는 일이지만 정신적으로 조금 힘듭니다.

무한정으로 가설을 만든다고 좋은 것은 아니지만, 60% 정도의 확률로 "맞지 않을까?"라고 할 수 있는 가설을 3~4개는 준비해 두는 것이 좋습니다.

실제로 이시영 실장은 지원과 형석을 데리고 조사 등 만반의 준비를 했음에도 불구하고 강사장으로부터 "나는 반댈세."라고 단칼에 거부당했습니다. 어머니인 오회장의 도움으로 겨우 구조됐지만, '생크림 300% 증량 폭식 티아라'는 제조 공정상의 이유로 거절당하고 말았습니다. 만약 오회장의 도움의 손길이 없었다면 다시 한번 가설을 만들어야 했을 것입니다.

필자도 데이터 분석을 시작한 초기에는 가설을 하나로 좁혀놓고 증명 단계에서 '아니다'라고 판단해 다시 처음부터 시작해야 하는 고생을 반복했었습니다.

▶ 필자가 생각하는 '데이터 분석 프로세스'

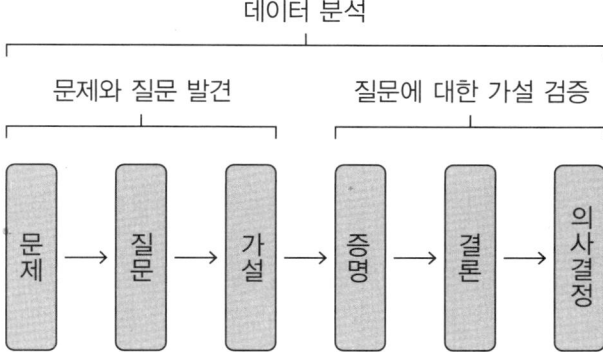

데이터 분석이 '문제와 질문 발견 단계'와 '질문에 대한 가설 검증 단계'로 나뉘어져 있는 이유는 단계와 단계 사이가 RPG에서 말하는 세이브 포인트 또는 회복 포인트와 같기 때문입니다. 다시 말해, 나중에 무슨 일이 일어나더라도 다시 돌아올 수 있도록, 바꿔 말해 그보다 이전 프로세스로 돌아가지 않아도 되도록 의식해서 만든 공간입니다. 아무리 애자일이 좋다고 해도, 같은 일을 여러 번 반복하지 않도록 하는 방법이나 장치는 꼭 필요합니다.

이야기는 제4장으로

　이 장에서는 '질문'과 '가설'을 발견하는 모순과 그것을 알아차리는 해상도에 대해 설명했습니다. 구체적으로는 귀납법, 연역법을 소개하고 각각의 장점과 단점을 설명했습니다.

　지원과 형석은 '상품이 팔릴지도 모른다'라고 두 가지 가설을 만들어냈지만, 하나는 탈락했고 나머지 하나는 무슨 일인지 경쟁사에 빼앗기게 되는 비상 사태가 벌어졌습니다.

　이야기는 제4장으로 이어집니다.

제4장
'가설'을 증명한다

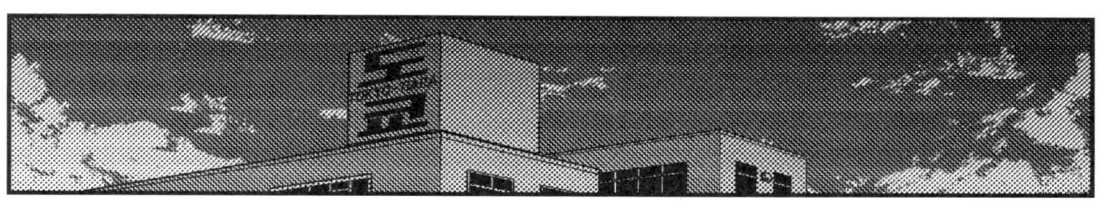
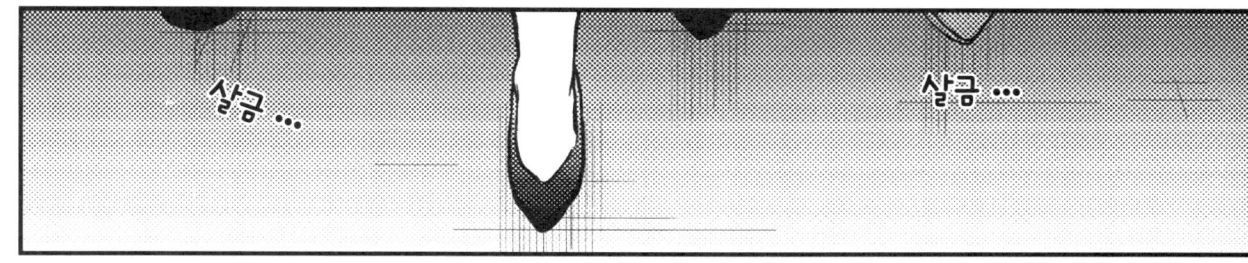

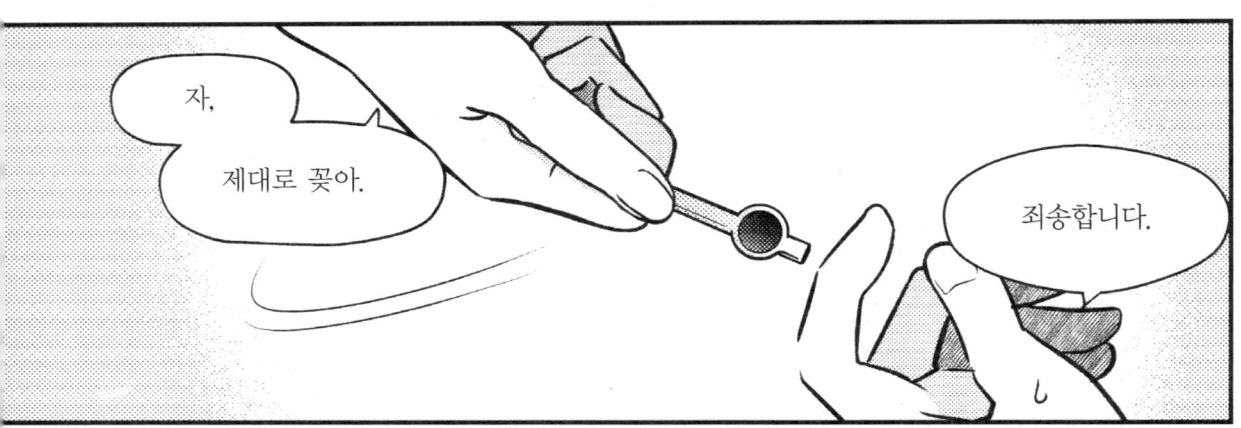

엄청난
경영합리화의 성과로
태양제과 이사로
취임한다고
들었는데요?
하
…경영 합리화?
단순한 인원 감축이야.
그래서 두 사람이 짜고
5호 레시피를
유출했다는 건가요?
아닙니다!
그런 일을…
할 리가 없잖아요!
난 도쿄 티아라를
지키고 싶을 뿐입니다!
… 우리는 김철수 사장이
아이디어와 레시피를 직접
훔쳐냈다고 생각해.
그 증거를
찾고 있었을 뿐이요.
부-
부 -
피링!
?!

News
[속보] 제과 대기업
프린프린, 도쿄 티아라 흡수
합병으로
202x/xx/xx xx:xx
아…?!
김 사장…
제길!
결국 정보가
매스컴에
새어나갔군요….
….

데이터의 바다에 뛰어들자!

프린프린으로 정보가 유출된 의혹이 있어 '출근 금지' 처분을 받은 경영기획실. 내부 조사 결과, 바이러스 등이 침투한 흔적은 없었고, 5호 시제품(먹기 편하게 개량을 거듭한 5번째 레시피)이라는 '사내에서도 극히 제한된 관련자만 알고 있는 레시피'가 유출됐으므로 경영진은 경영기획실의 누군가가 범인이라고 생각하는 것 같습니다.

이시영 실장은 범인에 대한 가설이 있다면서 심야에 사무실에 잠입합니다. 그런데 세상에 경영기획실에 있던 사람은 바로 남철과 프린프린의 정용진 부사장이었습니다. 그들이 범인일까요…?

그런 와중에 그동안 비밀로 유지되어 왔던 합병 협상이 보도됩니다.

도대체 정보 유출의 범인은 누구일까요? 동기는 무엇일까요? 이야기는 클라이맥스인 마지막 장으로 이어집니다.

이제 이 책을 읽는 여러분도 지원과 형석의 경험을 추체험할 수 있도록 하나하나 친절하게 설명하도록 하겠습니다.

제4장의 주제는 '가설의 증명'입니다. 드디어 데이터 분석다운 주제가 등장했습니다. 1장부터 3장까지는 데이터 분석답지 않은 내용이 이어졌기 때문에 어쩌면 당황한 사람도 있을 것 같습니다. 지금까지는 정말 수식이 전혀 등장하지 않아, 책에서 소개한 내용을 데이터 분석이 아닌 논리적 사고법으로 이해한 분도 있을 것입니다.

하지만 그 **필요성과 중요성에 대해서는 충분히 전달되었을 것**입니다.

아무 준비도 하지 않은 상황에서 갑자기 데이터의 바다에 뛰어들어서, "뭔지 모르겠나요?"라고 물어봐야 "아무것도 모르겠어요."라고 대답할 수밖에 없습니다. **실제로 바다에 뛰어들기 전에 준비운동을 해야 하듯이 데이터의 바다에 뛰어들기 위해서도 상당한 준비가 필요**합니다.

바꿔 말하면, '문제', '질문', '가설'을 정리해서 데이터의 바다에 뛰어들었다면, 그 단계에서 대략적인 결말이 정해집니다. 물론 필요한 데이터가 수집되지 않거나 프로그램 로직의 결함 또는 데이터의 불일치 등 문제가 발생할 수 있지만, 기본적으로는 가설이 '맞는지' '틀린지'를 다양한 수단(빅데이터를 이용한 통계 분석, 파이썬을 이용한 프로그램 등)으로 검증할 뿐입니다.

즉, 제1장에서도 조금 설명한 것처럼 데이터 분석이라고 하면 '빅데이터와 데이터 과학과 프로그래밍이 융합된 연금술로 인간이 미처 알아내지 못한 금맥을 발견하는 합법적인 마법'처럼 보일 수도 있지만, **실제로는 프로세스의 연속이며, 빅데이터, 데이터 과학, 프로그래밍도 프로세스 일부에 지나지 않습니다**. 여기서 다시 한번 데이터 분석 프로세스 그림을 게재합니다.

▶ 필자가 생각하는 데이터 분석 프로세스

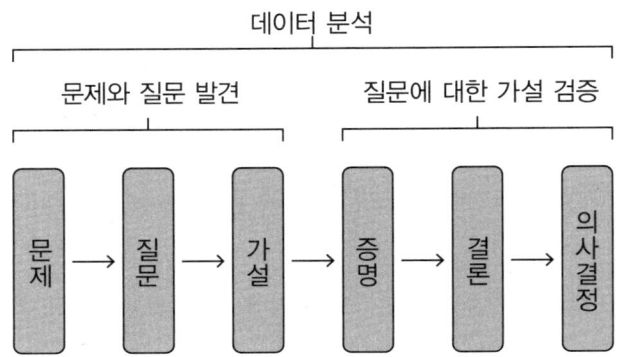

두 종류의 검증

'문제와 질문 발견' 단계에서 만든 가설이 맞는지 확인하는 것이 '질문에 대한 가설 검증' 단계입니다.

검증에는 두 가지 종류가 있습니다. 하나는 '가설' 자체가 실제로 일어나지 않은 사건에 대해 '가정한 답'이고, 최종적으로 **가설이 맞는지 아닌지는 해 봐야 알 수 있다**는 경우입니다. 이를 '가설 검증'이라고 합니다. 경영진이나 경영기획 부문 등 불확실성 요소가 높은 영역에서의 데이터 분석은 이런 검증이 많습니다.

예를 들어, 지원이 생각한 '전국에 있는 보디빌더들에게 시폰 케이크가 팔릴 것이다'라는 가설도, 형석이 생각한 '당질을 피하려고 하지만 스트레스 해소를 위해 폭식할 수 있는 큰 사이즈를 선택할 것이다'라는 가설도 다양한 데이터를 바탕으로 '아마도 그럴 것이다'라고는 말할 수 있지만, 실제 제품이 없으니 근거 자료도 없고, 증명할 수도 없습니다.

최소한 상품화해서 실제로 판매하고, 그 결과를 가지고 가설이 '맞다', '틀리다'를 판단할 수 있을 것입니다.

또 하나는 '가설' 자체가 이미 일어난 사건에 대해 '가정한 답'이고, **가설이 맞는지 아닌지는 데이터만 있으면 바로 확인 가능**한 경우입니다. 이를 '결과 검증'이라고 합니다. 실행 부문(영업, 마케팅 등)에서의 데이터 분석은 이러한 검증이 많습니다.

다만, 예를 들어 역사적 사건의 검증이나 증명, 미지의 과학에 대한 검증이나 증명은 이미 발생한 사건이지만, 데이터가 불완전하기 때문에 난도가 훨씬 높아집니다. 요컨대 **'검증 가능한 데이터가 갖춰져 있는가?'**가 중요합니다.

예를 들어 '이번 달 전국 매출 목표가 달성된 것은 판촉 캠페인이 성공한 덕분이다'라는 가설도, '상품 A가 잘 팔리는 이유는 인플루언서와 TV 광고 덕분이다'라는 가설도 데이터만 있으면 증명할 수 있습니다.

▶ 두 가지 '검증'

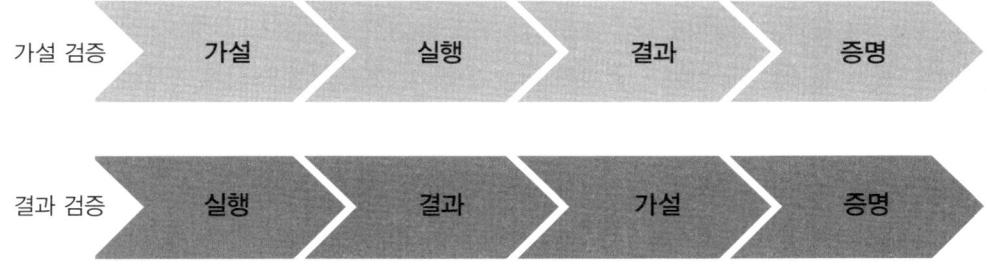

난이도가 높은 케이스는 실행하지 않았기 때문에 데이터가 전혀 갖춰지지 않은 경우입니다. 이런 경우는 먼저 데이터 수집부터 시작해야 합니다. 어떤 정책을 시행했을 때 데이터를 수집해서 증명해야 한다면, 내용에 따라 다르지만 **데이터 분석 자체에 6개월에서 1년 이상 소요될 가능성도 있습니다.**

두 종류의 증명 방법

이시영 실장은 "증명에는 두 가지가 있다."며 "논리적으로 그 사람이 범인이라는 결론에 도달하는 논증"과 "범행 현장을 직접 확보하는 실증"이라고 말했습니다.

조금 추리소설처럼 설명했는데, 정확하게는 **'논리에 의해 어떤 사실이 옳다는 것을 확인하는 논증'과 '실험 등을 통해 확실한 사실을 제시하는 실증'**입니다. 여러 번 계산해서 논리적으로 도출하는 것은 논증이며, 실제로 해보는 것은 실증입니다.

예를 들어 시속 40km로 10km 떨어진 A 지점으로 이동하는 경우를 가정해 봅시다. 계산상으로는 15분이 걸립니다. 이를 '논증'이라고 합니다. 실제로 시속 40km로 10km 앞에 있는 A 지점을 향해 달려봅니다. 그 결과 15분이 걸렸습니다. 이를 '실증'이라고 합니다. 한쪽이 더 우수하다는 것은 아니며, 증명하고자 하는 가설에 맞는 두 가지 접근법이 있다고 생각하는 것이 좋습니다.

앞서 말한 **'두 종류의 검증'에 비추어 생각해 보면, 아직 실행되지 않은 가설에 대한 검증(가설 검증)은 '실증'이, 이미 실행되어 결과를 알고 있는 가설에 대한 검증(결과 검증)은 '논증'**이 적합합니다.

예를 들어, 'A를 범인이라고 생각해서 그것을 증명하기 위해 다음 살인을 저질러서 증명(실증)'하는 추리소설의 뒷맛은 별로 좋지 않습니다. 가끔 그런 패턴이 있긴 하지만, 그것만으로 모든 사건을 증명했다고 할 수도 없습니다. 논증은 필수입니다.

논증의 어려움

"A 제품은 전국에서 몇 개 팔렸나요?", "B 제품은 SNS상에서 몇 명이나 언급했나요?"처럼 세어 보기만 하면 되는 간단한 검증이라면 분석은 즉시 끝납니다. 하지만, "이번 달 전국 판매 목표 달성은 판매 촉진 캠페인의 성공 덕분이다.", "제품 A가 대박난 이유는 인플루언서와 TV 광고 덕분이다."처럼 어떻게 증명해야 좋을지 판단하기 어려운 분석은 조금 더 머리를 굴릴 필요가 있습니다.

쉽게 말해, 'X와 Y가 차이가 있다(다르다)는 것을 증명하기 위해, 반대로 차이가 없음을 부정함으로써 차이가 있다는 것을 증명'하는 사고 방법이 있습니다. 수학적으로는 '귀류법' 또는 '배리법'이라고도 합니다.

예를 들어, 제3장에서 소개한 귀납법을 떠올려 봅시다. 몇 마리의 하얀 백조를 본 것만으로 모든 백조를 본 것도 아닌데 '백조는 하얗다', 즉 '모든 백조는 차이가 없고 모두 똑같다'라는 결론을 내릴 수 있는 약점에 대해 설명했습니다.

만약 '검은 백조도 있다는 것을 증명하고 싶다면, '똑같다는 것을 부정', 즉 '실제로 검은 백조를 보여줌'으로써 증명된 것으로 간주할 수 있습니다.

조금 둘러가는 것처럼 보일 수도 있지만, 증명하기 어려운 사실도 이렇게 하면 문제없이 검증할 수 있습니다.

'이번 달 전국 매출 목표 달성이 판매 촉진 캠페인의 성공 덕분'이라는 것을 증명하려면, 캠페인을 진행한 달과 진행하지 않은 달의 매출을 집계한 후 우선 '어느 쪽이든 똑같다'라는 전제를 세웁니다. 다음으로 '똑같지 않다'라는 모순이 발견되면 판매 촉진 캠페인이 매출 증가에 기여했다는 것이 증명됩니다.

▶ 귀류법(배리법)을 사용한 증명

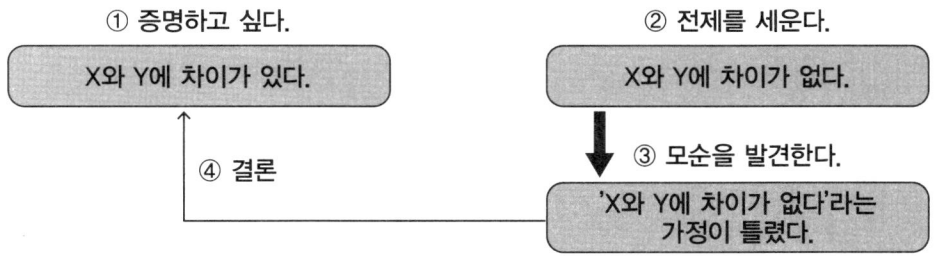

참고로 '똑같지 않다'는 점에서 모순이 발견되지 않는 경우 '정말 차이가 없다'는 뜻은 아니며, '사실 차이가 있을 수도 있고 현재 관찰된 범위 내에서만 차이가 없어 보일 뿐일 수 있다, 알 수 없다.'라는 모호한 결론에 도달하게 됩니다.

이런 모호함은 단정적으로 말할 수 없는 학문 특유의 것일지도 모릅니다. 어쩌면 비즈니스의 세계에서는 '~임이 틀림없다'라고 단정하거나 '~임이 틀림없다고 하자'라고 임시방편으로 추진하는 경우도 있을 것입니다. 필자는 그 자체를 부정하지 않습니다.

어디까지 사전 준비를 해야하는가?

지금까지 데이터 분석의 다양한 프로세스를 설명했습니다. 한마디로 표현하면, '준비 과정은 힘들다.'라고 할 수 있겠지요. 아마도 많은 사람들은 **"무슨 말인지는 알겠는데, 그렇게 많은 시간을 할애할 순 없다"**, **"데이터만 훑어보고 바로 알 수 없는가?"**일 것입니다.

마지막 마무리로 역사 속 한 위인의 투쟁을 소개하겠습니다. 미국 매사추세츠주에서 태어난 존 튜키(John Tukey, 1915~2000년)라는 사람입니다. 튜키는 천재 수학자 폰 노이만과 함께 컴퓨터 설계를 할 때 2진수(binary digit)를 줄여서 'bit'로 표현한 인물로 알려져 있습니다. 수학의 연장선에 있던 '통계학'을 다양한 영역에서 유용한 학문이라고 주장한 것도 튜키였습니다.

튜키는 1961년 『The Future of Data Analysis』를 출간하며 기존 사고방식에 의문을 제기했습니다. 예를 들어, 데이터에 특이값이 하나만 있어도 평균 등 다양한 결과가 달라지는데도 기존 통계학에서는 이를 제거하지 않았습니다. 반면에 튜키는 "먼저 데이터 자체를 잘 살펴보고, 그 데이터를 특이값으로 볼 수 있다면 제거하는 것이 절대적으로 좋다!"라고 주장했습니다.

우선 데이터를 전체적으로 조망합니다. 미리 가설부터 세우지 않고 먼저 데이터를 다각적인 관점에서 파악합니다. 선입견을 갖고 데이터를 보는 것이 아니라, 다양한 관점에서 단면을 들여다봄으로써 통찰을 얻고자 노력합니다.

튜키는 이 방식을 **탐색적 데이터 분석(Exploratory Data Analysis)**이라 명명하고, 기존의 접근법을 **확증적 데이터 분석(Confirmatory Data Analysis)**이라 명명하여 두 가지를 구분하고자 했습니다. 지금으로 치면 '개혁파', '보수파'라는 꼬리표 붙이기 같은 것일지도 모릅니다.

튜키 입장에서는 필자가 '보수파'로 보일 수도 있겠네요. 하지만 문제 의식은 같습니다. 튜키는 『The Future of Data Analysis』에서 **"잘못된 질문에 대한 정확한 답보다 종종 모호해지기 쉬운 올바른 질문에 대한 대략적인 답이 훨씬 낫다."**고 말했습니다. 덧붙이자면, 제1장에서 소개한 드러커도 비슷한 발언을 했습니다.

즉, **가설을 잘못 세우면, 그 후의 답이 정답이라 하더라도 문제가 해결되지 않는다**고 주장했습니다. 당시 '보수파'는 질문이 틀렸더라도 답이 정확하다는 점을 중시했을지도 모릅니다.

튜키는 올바른 질문을 찾기 위해서 "데이터를 보라."고 했습니다. 필자 또한 올바른 질문을 찾기 위해 "(넓은 의미에서의) 데이터를 살펴보고, 문제를 발견하고, 질문을 던지라."고 설명해 왔습니다.

즉, 이 책에서 소개한 프로세스를 압도적으로 단축하거나 건너뛴다고 해서 좋은 결론에 도달할 수 없다는 것입니다.

시간을 들인다고 해서 정확도가 높아지는 것은 아니지만, 부족한 프로세스가 추가됨으로써 그동안 알아차리지 못했던 과제나 문제를 발견할 수 있게 될지도 모릅니다. 그렇게 함으로써 결과적으로 급할수록 돌아가라는 말처럼 서두르지 않아도 필요한 작업량이 단축될 수도 있습니다.

이야기는 마지막 장으로

드디어 다음 장이 마지막 장입니다. 이제 정보를 유출한 범인의 정체가 드러날 것입니다.

좋은 기회이니, 이 책을 읽고 계신 여러분도 정보 유출범이 누구인지 추리해 보시기 바랍니다. '**필자가 보내는 도전장**'으로 받아들여 주세요.

먼저, 제5호 시제품을 받은 프린프린의 사람은 김철수 사장입니다. 어느 날, 어떤 사람으로부터 받았습니다. 이 책의 데이터만으로는 그 사람을 완전히 특정하기 어려울 수 있지만, 김철수 사장과의 연관성을 보여주는 '증거'를 알 수 있는 묘사가 있습니다.

이 책을 읽고 계신 여러분의 '**관찰력**'이 시험받게 될 것입니다.

일단 계속해서 읽고 싶으신 분은 그대로 제5장으로 진행하세요.

도전장을 받아들인 분은 다시 한번 프롤로그부터 읽어주시길 바랍니다.

! 어딘가에 힌트가 숨어 있습니다.

제5장
'의사결정'을 내리다

이 자리에서 다시 한 번 대답해 볼래요?

움찔

...윽

저 사람이!
레피시를 넘기면 태양제과 과장 대우로 채용한다고…!

쳐억

이봐!

무슨 말을 하는 거야! 그만해!

그냥 구두 약속이 되지 않도록

이봐!

넥타이핀을 담보로

그만해!

나형석!

[에필로그]

맺음말

　설마 정보 유출의 범인이 나형석이었다니! 마지막엔 어떤 드라마의 OST가 들릴 것 같은 결말이었습니다. 드라마화 제의는 언제든지 환영합니다!
　충격적인 결말로 막을 내린 이 책, 제4장 마지막에 던진 도전장을 여러분은 받으셨나요? 범인이 나형석이라는 것을 맞힌 사람은 몇 명이나 될까요? 그 이유까지 포함해서 맞힌 사람은 몇 % 정도가 아닐까라고 생각합니다.

　나형석이 말했던 "항상 나만을 위해서 일했어!", "비록 위험한 다리를 건너더라도 출세할 가능성이 있다면 건너는 것이 당연하잖아?"라는 대사는 이 책에 꼭 필요한 대사입니다.
　우리는 무엇을 위해서 일하는 것일까요? 나형석은 자신을 위해서라고 했습니다. 자신이 하고 싶은 일을 하려면 성공할 수밖에 없다. 그러기 위해서는 어느 정도의 위험도 감수해야 한다. 이것도 하나의 신념입니다.
　디지털화가 이렇게까지 진행되지 않았다면 데이터 분석 같은 새로운 업무를 배울 일도 없었을 거라고 생각하는 사람이 많을 겁니다. 앞으로도 생성형 AI나 자율형 기계 등 업무를 위해 새롭게 배워야 할 것은 늘어가겠지요. 이를 '리스킬링'이라고 합니다.
　이제는 계속해서 배우지 않으면 일할 수 없는 시대가 다가오고 있습니다. 귀찮기도 하고 힘들기도 하지요. 그래서 저는 묻고 싶습니다. 무엇을 위해 일을 하고 있는가 라고.
　돈을 위해서이기도 하고 자아실현을 위해서이기도 하고 미래를 위해서이기도 합니다. 다양한 요소가 섞여 있어 한 가지로 정리할 수 없을 것입니다. 반면에, 하나도 떠오르지 않는… 그런 분도 있겠지요?

　이 책은 옴 사에서 제안을 받아 2022년 여름부터 시작한 기획서입니다. 모리오 작가님이 멋진 캐릭터를 많이 만들어 주셨습니다. 감사의 말씀을 드립니다.

2023년 9월
마츠모토 켄타로

찾아보기

숫자·영문

3C 분석	39
ABC 이론	85, 86
Activating event	86
Belief	86
Consequence	86
JOB 이론	87
Organism	84
Problem	36
Question	36
Response	84
S-O-R 이론	84
Stimulus	84

ㄱ

가설	36, 38, 76, 136, 140, 163
가치	88, 90
객관적인 눈	78, 79
결과 검증	165
결과	41, 42, 75
결론(추상)	128
공통점 찾기 게임	125
관찰력	76
구체와 추상	43
귀납법	126
귀류법	167
그림	40

ㄴ

느린 사고	82

ㄷ

대(매크로)	124
대전제의 폭주	134
데이터 분석 프로세스	141
데이터	76
데이터 분석	33

ㄹ

럭비식 접근	139

ㅁ

매크로(대)	40, 76, 124, 136
모순	130
무주의 맹시	75
문제	32, 36, 38, 136
문제와 질문 발견	141
미크로(소)	40, 124, 136

ㅂ

반응	84
보조선	77
빠른사고	82

ㅅ

사건(경험·현장)	126
사건(구체)	127, 128
사건	86
세부	40
소(미크로)	124
소리없는 목소리	81
숫자	35
스크럼	137
신념	86
심층 인터뷰	81

ㅇ

애자일	137
에스노그래피	81
연역법	130
워터폴형	138
원인	40, 42, 75
원인과 결과	40
유기체	84
의사결정	32, 35

인식 ··· 86

ㅈ
자극 ··· 84
전달 ··· 34
전체 ··· 40
정답 ··· 36
주관적인 눈 ································· 78, 79
질문 ································· 36, 38, 137
질문과 가설 ····································· 123

ㅊ
처리 ··· 34

ㅌ
탐색적 데이터 분석 ························· 168

ㅍ
편견 ··· 77
편향 ··· 74
표현 ··· 34
프로세스 ··· 34

ㅎ
해상도 ··· 40, 123
해석 ··· 34
행동 ··································· 41, 43, 75, 86
확증적 데이터 분석 ························· 168

저자 소개

마츠모토 켄타로(松本 健太郎)

직업은 마케터, 데이터 과학자이다. 1984년생으로 류코쿠대학 법학부 정치학과 졸업. 오사카부 출신. 사회인으로 일하면서 데이터 과학의 중요성을 통감하고 타마대학 대학원에 진학해 '다시 배우기'를 시작했다. 현재는 회사에서 집행 임원으로 일한다.

정치, 경제, 문화 등 다양한 데이터를 디지털화해 분석 및 예측하는 것이 전문이며, TV, 라디오, 신문, 잡지 등에도 출연한다. 보도에 데이터를 결합한 '데이터 저널리즘'을 지향하며, 본업 외에도 방송 작가가 아닌 '데이터 작가'를 맡고 있다.

그림 작가 소개

모리오(もりお)

만화가이자 일러스트레이터. 2018년에는 고단샤 《별책소년 매거진》으로 상업 잡지 데뷔. 회사원과 병행하다가 2021년부터는 전업으로 활동 중이다. 상업 잡지를 비롯해 웹툰, 광고 만화, 학습 만화 등 매체를 가리지 않고 다양한 만화 제작에 참여하고 있다.

만화로 쉽게 배우는 수식 없는 데이터 분석

원제 : マンガでわかる 数式なしのデータ分析

2024. 10. 16. 1판 1쇄 인쇄
2024. 10. 23. 1판 1쇄 발행

저자	마츠모토 켄타로(松本 健太郎)
그림	모리오(もりお)
역자	김성훈
펴낸이	이종춘
펴낸곳	BM (주)도서출판 성안당
주소	04032 서울시 마포구 양화로 127 첨단빌딩 3층(출판기획 R&D 센터) 10881 경기도 파주시 문발로 112 파주 출판 문화도시(제작 및 물류)
전화	02) 3142-0036 031) 950-6300
팩스	031) 955-0510
등록	1973. 2. 1. 제406-2005-000046호
출판사 홈페이지	www.cyber.co.kr
ISBN	978-89-315-7129-5(17000)
정가	18,000원

이 책을 만든 사람들

책임 | 최옥현
교정·교열 | 조혜란
전산편집 | 김인환
표지 디자인 | 김인환
홍보 | 김계향, 임진성, 김주승, 최정민
국제부 | 이선민, 조혜란
마케팅 | 구본철, 차정욱, 오영일, 나진호, 강호묵
마케팅 지원 | 장상범
제작 | 김유석

www.cyber.co.kr
성안당 Web 사이트

이 책은 Ohmsha와 BM (주)도서출판 성안당의 저작권 협약에 의해 공동 출판된 서적으로, BM (주)도서출판 성안당 발행인의 서면 동의 없이는 이 책의 어느 부분도 재제본하거나 재생 시스템을 사용한 복제, 보관, 전기적·기계적 복사, DTP의 도움, 녹음 또는 향후 개발될 어떠한 복제 매체를 통해서도 전용할 수 없습니다.

■ 도서 A/S 안내

성안당에서 발행하는 모든 도서는 저자와 출판사, 그리고 독자가 함께 만들어 나갑니다.
좋은 책을 펴내기 위해 많은 노력을 기울이고 있습니다. 혹시라도 내용상의 오류나 오탈자 등이 발견되면 **"좋은 책은 나라의 보배"**로서 우리 모두가 함께 만들어 간다는 마음으로 연락주시기 바랍니다. 수정 보완하여 더 나은 책이 되도록 최선을 다하겠습니다.
성안당은 늘 독자 여러분들의 소중한 의견을 기다리고 있습니다. 좋은 의견을 보내주시는 분께는 성안당 쇼핑몰의 포인트(3,000포인트)를 적립해 드립니다.
잘못 만들어진 책이나 부록 등이 파손된 경우에는 교환해 드립니다.